교회

이름.

연락처.

예수 이름의 비밀
소그룹 워크북

THE MYSTERY OF JESUS' NAME

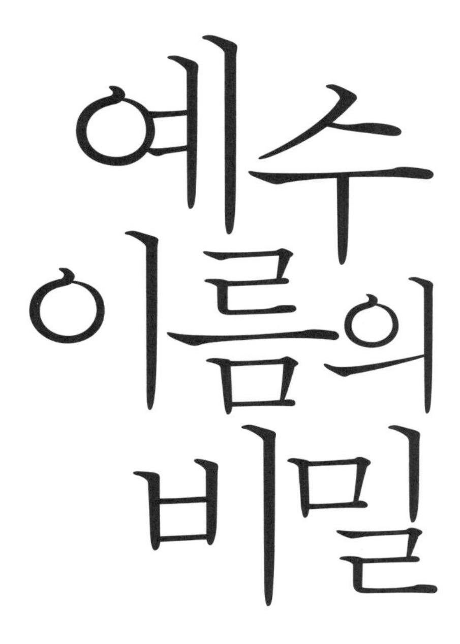

예수 이름의 비밀

소그룹 워크북

한홍

규장

가르쳤다고 끝이 아니라
배운 대로 살도록 이끄는
체계적인 소그룹 양육의 필요성

오래전 한국 교회의 존경받는 원로 목사님께서 후배 목회자들에게 하셨던 말씀 중에 "성도들을 예배 관람객으로 보느냐 아니면 세상이라는 전쟁터로 나가는 그리스도의 병사들로 보느냐에 따라서 목회자의 목회가 완전히 달라질 것이다"라는 말씀을 저는 지금도 잊지 못합니다.

성도들을 그리스도의 군대로 보는 목회자는 주일예배가 끝났다고 해서 자기 임무를 다했다며 안도하지 못할 것입니다. 오히려 세상이라는 전쟁터로 나가는 성도들이 거기서 싸워 승리할 수 있도록 확실한 무장을 갖춰주었는지를 철저히 점검할 것이고, 계속 그들이 실전에서 잘 싸우고 있는지를 확인하고 부족한 것을 보완해주려고 몸부림칠 것입니다. 비슷한 맥락에서 수년 전 저는 《아멘 다음이 중요하다》라는 책을 낸 적이 있습니다. 그만큼 교회 훈련의 목적은 지식 축적이 아니라 삶의 변화가 되어야 할 것입니다. 가르쳤다고 끝나는 것이 아니라 그들이 배운 대로 살아야 양육자의 책임이 끝난 것입니다. 목회자의 그런 마음가짐이 한국 교회를 건강하게 만들 것이라고 믿습니다.

정말 제대로 양육 받은 성도는 개인의 삶에서, 가정에서, 교회에서, 그리고 직장에서 말하고 행동하는 것이 완전히 달라질 것입니다. 이렇게 전방위적인 삶의 변화가 제대로 이뤄지고 있는지를 확인하기 위해서는 많은 수의 대중을 놓고 하는 설교만으로는 부족하고, 체계적인 소그룹 양육이 반드시 함께 가야 합니다. 설교가 도전을 주고 자극을 줄 수는 있겠지만, 그것을 성도 개개인의 삶에 확실히 적용하게 하려면 소그룹 양육이 꼭 필요합니다. 마치 여러 개의 유리병이 있는데, 설교가 큰 그릇으로 한꺼번에 여러 유리병에 물을 끼얹는 것이라면, 소그룹 양육은 주전자를 들고 병마다 하나씩 차분히 채워 넣는 것이라 할 것입니다.

이 교재는 제가 수년 전에 성도들의 영적 기본기를 다질 수 있도록 썼던 《기독교 에센스 워크북》(CES)과 청실홍실처럼 서로 조화롭게 보완될 수 있는 내용입니다. 오늘날 성도들을 미혹하는 많은 이단은 대부분 성경의 진리를 더하거나 빼버리면서 자신들의 논리를 뒷받침할 수 있도록 편집합니다. 이렇게 함부로 하나님의 말씀을 편집하고, 진리의 일부분만을 절대화시키는 것은 잘못된 신학이며, 잘못된 신학은 잘못된 삶으로 이어집니다. 그렇기 때문에 마지막 시대를 사는 교회는 말씀 전체를 있는 그대로 온전하게 믿는 균형 잡힌 단단한 신앙이 필요합니다.

《기독교 에센스 워크북》과 《예수 이름의 비밀 소그룹 워크북》은 바로 이를 돕기 위해 집필되었습니다. 《기독교 에센스 워크북》이 기독교 기초 교리들을 체계적으로 정리해주었다면, 《예수 이름의 비밀 소그룹 워크북》은 예수님의 열다섯 가지 이름 속에 담긴 풍성한 영적 의미들을 공부함으로써 복음의 핵심을 분명하게 정리해줍니다. 이 교재는 신·구약 성경에 나오는 예수님에 대한 이해를 깊고 넓게 해주어 우리 신앙의 균형을 잡아줄 것입니다.

《기독교 에센스 워크북》을 보기 전에 《예수 이름의 비밀 소그룹 워크북》을 먼저 봐도 좋고, 마친 후에 보아도 좋습니다. 《기독교 에센스 워크북》이 1 대 1 멘토링을 주목적으로 했다면, 《예수 이름의 비밀 소그룹 워크북》은 1 대 3 소그룹 교재용으로 제작되었습니다. 1 대 1 멘토링보다는 참여자들에게 여유를 줄 것이며, 소그룹의 따뜻한 격려와 기도 모임을 더 풍성히 누릴 수 있을 것입니다. 무엇보다도 이 교재는 구성원들 각자가 자기 삶에 작은 것이라도 구체적으로 적용하고, 서로 진솔하게 나누며 함께 기도하는 것을 극대화하려고 했습니다.

이 교재가 나올 수 있도록 《예수 이름의 비밀》을 샅샅이 연구해서 기획과 편집을 담당해준 강현구 목사님과 그를 도와 여러 가지 자문을 아끼지 않은 새로운교회 평신도 리더들에게 진심으로 감사를 드립니다. 교재에 부족한 점이 있다면 전적으로 저의 책임이며, 이 교재가 조금이나마 독자들의 영적 업그레이드에 도움이 되었다면 오직 우리 주님이 모든 영광을 받으셔야 할 줄로 믿습니다.

한홍 목사

J

CONTENTS

양육 과정 가이드

예.이.비 양육 과정이란 무엇인가?

예.이.비(**예**수 **이**름의 **비**밀, 이하 예.이.비) 양육 과정은 양육자인 인도자와 양육 대상자인 조원이 1 대 3으로 만나 예수 이름의 비밀에 관해 공부하고, 말씀을 기반으로 삶을 나누며, 예수 이름의 능력을 경험하는 과정이다.

예.이.비 양육 과정을 왜 해야 하는가?

1. 진리와 비진리의 구별이 가능해진다.

예수 이름의 비밀을 배움으로써 복음의 핵심을 숙지하게 되어 진리와 비진리를 구별하게 되고, 신·구약 성경에 나오는 예수님에 대한 깊고 넓은 이해를 바탕으로 올바른 신앙을 정립할 수 있게 되어 이단의 미혹에 빠지지 않게 된다.

2. 성품과 삶의 변화를 경험한다.

예수님의 열다섯 가지 이름 속에 담긴 풍성한 영적 의미들을 체계적으로 공부함으로써 복음의 핵심을 분명하게 정리하고, 그 말씀을 구체적으로 적용함으로 성품과 삶의 변화를 경험하게 된다. 또한 소그룹 구성원 간의 따뜻한 격려와 기도 모임을 통해 풍성한 교제를 누리게 된다.

3. 영적으로 성장한다.

인도자와 조원 모두의 지속적인 영적 성장이 가능하다. 인도자는 거룩한 부담감으로 끊임없이 하나님 앞에 나아가 기도하고 말씀을 준비함으로써 전방위적인 영적 성장을 하게 된다. 동시에 조원들은 예수 이름의 능력을 경험하고 그리스도의 장성한 분량이 충만한 데까지 성장을 이뤄가며 가정과 교회와 세상 속에서 거룩한 영향력을 나타내는 평신도 말씀 사역자로 하나님나라를 이루는 통로로 세워지게 된다.

예.이.비 양육 과정을 어떻게 진행해야 하는가?

1. 소그룹의 구성

양육 과정 소그룹은 양육자인 '인도자' 1명과 양육 대상자인 '조원' 3명으로 구성하고, 인도자와 조원은 상대방을 존중하는 의미에서 상호 존댓말을 사용한다.

2. 양육 과정 기간

첫 모임(자기소개 및 오리엔테이션)을 포함하여 16주간 매주 1회 만남을 권장한다. 한 번의 만남에 한 장(Chapter)씩 진행하며, 1회 모임은 2~3시간 진행을 원칙으로 한다.

3. 양육 과정에 임하는 자세

(1) 인도자

인도자는 조원을 향해 주님의 마음을 품고 겸손히 섬기며, 평신도 말씀 사역자로서 말씀과 성령의 균형을 갖춘다. 조원들에게 치유와 회복이 일어나도록 공감하며 경청하고, 성장과 성숙을 이루어갈 수 있도록 인내하며 중보기도한다.

(2) 조원

인도자의 안내에 잘 따르며, 조원들 간에 서로 사랑하고 존중한다. 양육 과정의 모든 내용을 열린 마음으로 새롭게 배우고 삶에 적용하며 16주의 과정에 성실하게 임한다.

4. 인도자의 위치

인도자는 주님을 소개하는 자이다. 따라서 가르치는 위치이기 전에 삶으로 신앙의 모범을 보이며, 조원들이 마음을 열고 깊이 나눌 수 있는 신뢰의 대상이 되어야 한다.

5. 양육 과정 모임 가이드

(1) 인도자의 사전 준비

1) **소그룹 모임 장소와 시간을 선정한다.**

   양육에 집중할 수 있는 장소와 조원들과 정기적으로 만날 수 있는 시간을 정한다.

2) **중보기도한다.**

   소그룹이 잘 운영될 수 있도록 하늘의 지혜와 능력을 구하고, 양육 과정 동안 부어주실 은혜를 사모하며 성실하게 참여할 수 있도록 간구한다.

3) **《예수 이름의 비밀 소그룹 워크북》의 내용을 숙지한다.**

   《예수 이름의 비밀》 단행본과 '예수님의 이름으로' 설교 시리즈를 참고한다.

4) **삶을 오픈할 간증을 준비한다.**

   《예수 이름의 비밀 소그룹 워크북》의 적용 질문에 따라 삶을 오픈할 수 있도록 준비한다.

(2) 조원과의 첫 만남

1) 자기소개

① 서로를 알아가며 친밀감을 쌓기 위해 인도자와 조원들 간에 자기소개를 한다.

자기소개 내용

- 어린 시절(12세 이전)의 가정환경에 대해서 나눈다.
- 지금까지 살아오면서 가장 힘들었던 상황에 대해서 나눈다.
- 지금까지 살아오면서 가장 행복했던 시기에 대해서 나눈다.
- 예수님을 인격적으로 만났던 시기에 대해서 나눈다.
- 신앙의 여정을 나눈다(현재 교회에 나오게 된 과정, 받은 은혜, 사역, 비전, 기도 제목 등).

② 자기소개 후, 개인기도 및 축복송으로 마무리한다.

③ 개인별 자기소개의 시간은 30분 이내로 한다.

2) 오리엔테이션

예.이.비 양육 과정의 비전과 목적 및 커리큘럼을 소개하고 과제를 안내한다.

① 예.이.비 양육 과정의 비전

우리가 그를 전파하여 각 사람을 권하고 모든 지혜로 각 사람을 가르침은 각 사람을 그리스도 안에서 완전한 자로 세우려 함이니 이를 위하여 나도 내 속에서 능력으로 역사하시는 이의 역사를 따라 힘을 다하여 수고하노라 골 1:28-29

② 예.이.비 양육 과정의 목적

예수님의 이름에 담긴 영적 의미와 능력을 깊이 체험하고 예수 그리스도의 증인의 삶을 살아가며 각 영역 가운데 하나님의 나라를 이루는 것을 목표로 한다.

③ 예.이.비 양육 과정의 과제

▸ 워크북 내 성경 말씀과 빈칸을 채우고, 질문에 답을 기록한다.
▸ 핵심 성경 구절을 암송한다.
▸ 《예수 이름의 비밀》 단행본을 읽고, '예수님의 이름으로' 설교 시리즈를 듣는다.
▸ 각 장별로 깨달은 말씀을 나누고 삶에 적용하여 열매 맺는 삶을 지향한다.
▸ 양육 과정을 통해 인도자와 조원들이 받을 은혜를 위해 매일 중보기도한다.
▸ 14장을 마치고 간증문을 작성하여 제출한다. (양육 과정의 마침표)

(3) 예.이.비 양육 과정 진행 순서

진행 순서

- 환영 & 친밀한 교제
- 찬양
- 대표기도
- 복습
- 과제 검사 & 말씀 암송
- 워크북 내용 전달 & 적용 질문 나눔
- 마무리 기도
- 전달사항

1) **환영 & 친밀한 교제**

- 양육하기 전 마음을 열 수 있도록 지난주 삶을 나누며 친교 한다.
- 인도자는 열린 질문을 통해서 조원들에게 말할 기회를 주고 공감적 경청을 한다.
- 조원들의 성향을 고려하여 운영한다.

2) **찬양**

워크북 내 추천 찬양으로 찬양한다. (QR코드 사용)

3) **대표기도**

순서를 정하여 대표기도를 한다.

(모든 양육 과정을 주님께서 주관해주실 수 있도록 의탁하며 간단히 기도한다)

4) **복습**

지난주에 배운 내용을 간략하게 복습한다.

5) **과제 검사 & 말씀 암송**

- 과제 및 말씀 암송을 일관성 있게 점검한다.
- 지난주 깨달은 말씀을 삶에 어떻게 적용했는지 나눈다.

6) **워크북 내용 전달 & 적용 질문 나눔**

- 핵심 성경 구절을 함께 읽는다.
- '마음 문을 열면서'를 통해 자연스럽게 해당 장의 주제로 들어간다.
- 인도자는 매 장의 내용을 읽고 적용 질문을 한 후 조원들의 답을 기다린다. 조원들이 나눔을 어려워할 경우, 인도자는 단원의 내용을 보충 설명한 후, 짧지만 깊이 있게 삶을 오픈하며 나눔의 물꼬를 터주는 역할을 한다.
- 워크북에 나온 성경 말씀은 조원들이 순서를 정하여 읽도록 한다.

▶ 워크북의 내용에 적합한 예화나 삶의 간증으로 도전하고 도전받는다.

▶ 당일 내용 중에 특별히 깨달은 점이나 은혜받은 부분을 삶에 적용하여 성령의 열매를 맺도록 돕는다.

▶ 조원들이 깊은 나눔 후에 여러 감정으로 힘들어할 경우, 회복을 위해 기도한 후 과정을 진행한다.

7) 마무리 기도(조원들이 깨달은 내용으로 결단 기도한 후 인도자가 마무리 기도)

▶ 조원들이 배운 말씀에 대해 깨달은 점과 받은 은혜를 고백하고 삶에 적용하는 기도를 한다.

▶ 모임 중 부어주신 은혜에 감사기도를 한다.

▶ 배운 말씀을 한 주간 더 깊이 묵상하며 주님과 친밀한 교제를 나누는 시간이 되기를 기도한다.

▶ 깨달은 말씀을 삶에 실천하며 성품의 변화와 가치관의 변화가 일어나도록 간구한다.

▶ 다음 모임에 더 큰 은혜가 있도록 기도하고 마무리 기도를 한다.

▶ 서로 중보기도 제목을 나눈다.

8) 전달사항

▶ 다음주 과제를 전달하고, 모임의 일시와 장소를 확인한다.

▶ 14장을 마치고 간증문을 작성하여 제출하도록 안내한다. (양육 과정 마침표)

간증문 작성 요령

- 예. 이. 비 양육 과정을 하기 전 기대감
- 예. 이. 비 양육 과정에서의 은혜
- 예. 이. 비 양육 과정 비전(추후 양육 인도자로서의 비전 등)
- 간증문 분량 : A4용지 1장

▸ 수료식 : 16주 과정을 마친 인도자와 조원들은 수료식에 참여한다.
(간증 및 수료증 수여)

예.이.비 양육 과정 진행 시 유의할 점

1. 한 번의 만남에 한 장(Chapter)씩 진행하도록 한다.

진도를 서두르다 보면 내용 전달에만 집중하게 되어 삶의 나눔이 소홀해질 수 있다. 《예수 이름의 비밀》의 말씀을 토대로 삶을 나누며, 예수 이름의 능력을 체험하고, 깨닫고 은혜받은 말씀을 삶에 적용하여 삶의 변화와 성품의 변화를 이룰 수 있도록 진행한다.

2. 조원들이 양육 과정 동안 충실하게 예습에 임하도록 한다.

성령의 은혜를 사모하며 기도하고, 말씀 앞에서 자신을 충분히 돌아보는 예습 과정이 되도록 인도한다.

Jesus
Christ
Lord
The Vine
The Lamb
Immanuel
Sovereign
The Son of God
The Son of Man
Alpha and Omega
The King of Kings
The Prince of Peace
The Good Shepherd
The Word Incarnate
The Great High Priest

CHAPTER

01

예수

JESUS

J

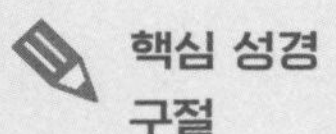

CHAPTER

01 예수 JESUS

핵심 성경 구절

아들을 낳으리니 이름을 예수라 하라
이는 그가 자기 백성을 그들의 죄에서 구원할 자이심이라 하니라 마 1:21

자녀들아 내가 너희에게 쓰는 것은
너희 죄가 그의 이름으로 말미암아 사함을 받았음이요 요일 2:12

너희 중에 이와 같은 자들이 있더니
주 예수 그리스도의 이름과 우리 하나님의 성령 안에서
씻음과 거룩함과 의롭다 하심을 받았느니라 고전 6:11

추천 찬양

QR코드를 따라가시면 찬양 음원과 가사가 제공됩니다.

슬픈 마음 있는 자

무엇이 변치 않아 (십자가)

◆◆◆ 마음 문을 열면서 ◆◆◆

모든 사람과 사물에는 이름이 있습니다. 그 이름에는 존재의 본질과 특징, 목적과 소망이 담겨 있습니다. 그렇다면 당신의 이름에 담겨진 뜻은 무엇인지 나누어보십시오.

예수님은 자신의 이름에 가장 합당한 삶을 사신 분이십니다. 그리고 예수님의 이름에는 놀라운 영적 비밀들이 숨겨져 있습니다. 그래서 예수님의 이름들을 알아갈 때 더욱 예수님을 사랑하고, 닮아가고 싶은 소망이 생기게 될 것입니다. 이제 예수 이름의 비밀을 조금씩 알아보겠습니다.

◆◆◆ 예수 이름의 비밀 알아가기 ◆◆◆

1. 자기 백성을 죄에서 구원할 자

1 예수 이름에 대한 이해

마 1:21

TIP 예수라는 이름은 히브어로 יֵשׁוּעַ(예슈아), 헬라어는 Iησοῦς(이에수스, 예수)로 사용됩니다.

예수의 이름에 담긴 핵심 사명은 무엇입니까?

예수님의 핵심 사명을 생각할 때 나에게 주시는 위로와 소망은 무엇인지 나누어보십시오.

2 예수 이름에 대한 오해

TIP 예수님에 대한 오해 : 교육 상담가, 사업 컨설턴트, 의사 등

내가 생각하는 예수님은 어떤 분이십니까?

예수님께 실망한 적이 있다면 그 이유는 무엇 때문인지 나누어보십시오.

예수 이름에 담긴 핵심사명과 예수님에 대한 나의 기대와는 어떤 차이가 있습니까?

2. 가장 시급하고 중요한 일

1 ________________의 해결

마가복음 2장(막 2:1-12)에서 예수님의 우선순위가 어떤지 살펴보십시오. 중풍병자와 예수님의 우선순위는 어떻게 다릅니까?

지금 내 삶의 우선순위는 무엇입니까?

예수님의 우선순위를 생각할 때 나의 우선순위와 어떻게 다른지 나누어 보십시오.

많은 사람들은 이 중풍 병자처럼 죄 문제를 해결하지 않고 바로 자신에게 급한 문제를 해결하는 데 예수님을 끌고 가려고 합니다. 그것은 마치 예수님을 축복 자판기로 취급하는 것과 같습니다. 그러나 예수님은 우리의 죄 문제를 다루지 않고서는 우리 인생의 어떤 문제에도 개입하지 않으실 것입니다. 예수님은 우리 삶에 일어나는 여러 문제의 현상이 아닌 뿌리를 가장 먼저 다루길 원하시는데, 그것이 바로 죄 문제입니다.

2 죄의 대가

인생에서 겪고 있는 모든 나쁜 일들은 죄에서 비롯된 것입니다. 인간의 모든 문제가 죄에서 파생했습니다. (예: 죽음, 테러와 전쟁, 고통, 갈등과 미움, 환경문제, 마귀의 지배 등)

내가 겪고 있는 죄의 대가가 있다면 나누어보십시오.

3 죄의 분류

죄는 근본적인 죄(Sin)와 실제적인 죄(Sins)로 분류할 수 있습니다.

두 죄의 차이는 무엇입니까?

롬 3:10

죄에 대해 세상의 관점과 성경적인 관점이 어떻게 다른지 나누어보십시오.

3. 죄 문제를 해결하는 유일한 방법

1 죄의 값을 치르기

지금까지 내가 살아오면서 문제해결을 위해 가장 큰 대가를 치른 것은 무엇입니까?

우리가 값을 치르고 용서 받을 수 있는 죄와 값을 치를 수 없는 죄는 무엇인지 나누어보십시오.

2 하나님의 대가 지불

자녀들아 내가 너희에게 쓰는 것은 너희 죄가 그의 이름으로 말미암아 사함을 받았음이요 요일 2:12

하나님은 우리가 값을 치를 수 없는 죄에 대해서 어떤 대가를 지불하셨습니까?

그리고 왜 그 방법을 택하실 수밖에 없었는지 함께 나누어보십시오.

③ 예수 이름에 담긴 하나님의 사랑

예수의 이름에는 주님의 고귀한 십자가의 죽음과 우리를 향한 하나님의 사랑이 담겨져 있습니다. 예수의 이름을 부를 때마다 하나님의 마음을 경험하게 되고, 어둠의 권세가 물러가게 됩니다.
나는 예수의 이름을 부를 때마다 어떤 마음으로 불렀는지 나누어보십시오.

4. 예수님은 자기 백성을 죄에서 구원하러 오셨다

① 자기 백성을 위한 준비 : ________

4 곧 창세 전에 그리스도 안에서 우리를 택하사 우리로 사랑 안에서 그 앞에 거룩하고 흠이 없게 하시려고 5 그 기쁘신 뜻대로 우리를 예정하

사 예수 그리스도로 말미암아 자기의 아들들이 되게 하셨으니 엡 1:4,5

하나님이 나를 구원 받은 자기 백성으로 예정해주셨다는 사실에 대해서 어떻게 생각하십니까?

② 선택의 미스터리 : ________

에베소서의 말씀을 비추어볼 때, 하나님의 아들들이 되게 하시는 기준은 무엇입니까?

그 기준으로 볼 때 나는 구원 받기에 합당한 조건을 가지고 있는지 나누어보십시오.

5. 예수 이름의 권세를 주장할 수 있는 조건

1 예수 이름의 능력

예수 이름에는 마귀를 쫓아내고, 병을 치유하고, 하늘 천사들의 도움을 끌어오고, 하나님의 마음을 움직여서 치유와 기적과 회복과 부흥을 가져오게 하는 힘이 있습니다.
삶 속에서 예수 이름의 능력을 실제적으로 경험한 적이 있다면 무엇인지 나누어보십시오.

2 하나님이 정하신 방법대로

사도행전 19장에 나오는 제사장 스게와의 아들들은 예수 이름의 권세를 사용할 수 없었습니다. 무엇이 문제였습니까?

예수 이름의 능력을 누리기 위해서는 반드시 하나님이 정하신 방법으로 우리의 죄를 고백하고 예수 보혈의 은혜로 용서받음으로써 죄 문제를 해결해야 합니다. 그리고 우리의 죄를 사하신 주님의 은혜 안에서 살아야 합니다. 다음 기도문으로 고백해보십시오.

하나님 아버지!
예수 그리스도의 보혈의 은혜로
저의 모든 죄가 용서 받았음을 믿습니다.
저에게 온전한 믿음과 순종의 마음을 주셔서
하나님의 뜻대로 순종하게 하여주옵소서.
날마다 예수 이름의 권세와 축복을 누리는
주님의 자녀가 되게 하여주옵소서!
예수님의 이름으로 기도드립니다. 아멘.

6. 우리를 거룩하게 하는 이름

너희 중에 이와 같은 자들이 있더니 주 예수 그리스도의 이름과 우리 하나님의 성령 안에서 씻음과 거룩함과 의롭다 하심을 받았으니라 고전 6:11

① 거룩은 ____________이다.

'죄'라는 바이러스에 오염되면 영혼이 병들고, 죽을 수밖에 없습니다. 죄는 인간의 노력으로 해결할 수 없습니다. 오직 예수의 이름에 담긴 십자가 보혈의 능력으로 정결하게 되어야만 생명을 얻을 수 있습니다.
거룩하게 됨으로 생명을 얻게 된 것과 거룩해지기를 소망하는 부분이 있다면 나누어보십시오.

② 거룩은 ___________이다.

하나님이 우리를 구원하신 목적은 그리스도의 군대로서 거룩한 영향력을 펼침으로 어둠의 세력을 몰아내고 하나님의 나라를 확장하여 하나님의 영광을 드러내게 하려 하심입니다. 거룩해야 영적인 능력이 생깁니다. 교회의 능력은 거룩에서 옵니다.
거룩함이 교회의 능력임을 깨닫게 된 계기가 있다면 무엇인지 나누어보십시오.

③ 거룩은 하나님의 임재 앞으로 우리를 데려다주는 통로다

죄는 하나님과 우리 사이에 틈을 만들었습니다. 하나님으로부터 멀어질수록 우리 인생은 비참해집니다. 그러나 예수님의 십자가 은혜가 그 틈을 메워주었습니다. 이제 우리는 날마다 하나님의 임재 앞으로 가까이 나아가 하나님과 깊은 교제를 나누어야 합니다. 그래야 폭풍 가운데서도 영적인 담대함과 평안함을 누리게 되고 모든 축복과 능력과 응답이 가득하기 때문입니다.
하나님의 임재 앞에 나아가는 데에 걸림돌이 있다면 무엇인지 나누어보십시오.

◆◆◆ 예수 이름으로 살아가기 ◆◆◆

1. 예수님의 핵심 사명과 우선 순위

예수의 이름은 자기 백성을 구원하기 위해서 오신 그분의 핵심 사명을 보여줍니다. 예수님은 우리의 문제를 해결하기 위해서 오신 해결사가 아닙니다. 예수님은 우리의 죄 용서와 회복을 가장 시급한 문제로 여기시고 우리의 모든 근본적인 죄와 실제적인 죄들을 용서해주길 원하십니다.

2. 죄에 대한 바른 이해와 유일한 해결책

우리는 죄에 대한 분명한 이해와 민감한 태도를 가지고 살아가야 합니다. 죄의 문제를 가볍게 여겨서도 안 됩니다. 예수님은 우리의 모든 죄를 해결하시는 유일한 길입니다.

3. 예수 이름의 권세와 능력

예수의 이름은 우리를 구원하는 능력의 이름이자 생명의 이름입니다. 예수 이름의 권세와 능력은 오직 하나님이 선택하신 그분의 백성들만이 사용할 수 있습니다. 우리가 예수님의 이름을 부를 때 세상을 향한 담대함을 얻게 될 것입니다.

4. 내 삶에 적용하기

1) 오늘 배운 내용 중 내가 붙잡아야 할 약속이 있다면 무엇입니까?
(Promises to Claim)

2) 오늘 배운 내용 중 내가 순종해야 할 명령이 있다면 구체적인 실천 계획을 세워보십시오. (Commands to Obey)

함께 기도하기 & 암송 구절과 필사 

함께 기도하기

우리가 예수의 이름을 부를 때마다 우리를 죄에서 구하기 위해
이 세상에 오신 그 지고한 사랑을 기억하며 감격합니다.
주홍같이 붉은 우리의 죄는 예수님이 아니면 해결될 수 없었습니다.
우리를 자유케 하며 우리를 거룩하게 하는 이름 예수!
모든 이름 위에 뛰어난 그 이름을 사랑합니다.

○ **예수 이름으로 나의 기도문 작성하기**

암송 구절과 필사

아들을 낳으리니 이름을 예수라 하라 이는 그가 자기 백성을 그들의 죄에서 구원할 자이심이라 하니라 마 1:21

정답 | **2.** 1 죄 문제 **4.** 1 예정 2 은혜 **6.** 1 생명 2 능력

Jesus

Christ

Lord

The Vine

The Lamb

Immanuel

Sovereign

The Son of God

The Son of Man

Alpha and Omega

The King of Kings

The Prince of Peace

The Good Shepherd

The Word Incarnate

The Great High Priest

CHAPTER

02

그리스도

CHRIST

CHAPTER

02 그리스도 CHRIST

핵심 성경 구절

그가 먼저 자기의 형제 시몬을 찾아 말하되 우리가 메시아를 만났다 하고 (메시아는 번역하면 그리스도라) 요 1:41

시몬 베드로가 대답하여 이르되 주는 그리스도시요 살아 계신 하나님의 아들이시니이다 마 16:16

26 그리스도가 이런 고난을 받고 자기의 영광에 들어가야 할 것이 아니냐 하시고 27 이에 모세와 모든 선지자의 글로 시작하여 모든 성경에 쓴 바 자기에 관한 것을 자세히 설명하시니라 눅 24:26,27

추천 찬양

QR코드를 따라가시면 찬양 음원과 가사가 제공됩니다.

예수 가장 귀한 그 이름

그리스도의 계절

◆◆◆ 마음 문을 열면서 ◆◆◆

우리는 보통 '예수 그리스도'라고 많이 사용합니다. 영어권에서는 사람의 이름을 부를 때 먼저 이름을 부르고 성을 뒤에 붙입니다.(예를 들면 James Kim) 그래서 어떤 사람들은 '그리스도'가 예수님의 성이라고 착각하기도 합니다. 하지만 '그리스도'라는 이름은 신약성경에서 무려 5백 번 이상 나오는 영적 무게가 있는 이름입니다. 그렇다면 그리스도라는 이름에 담긴 영적인 비밀이 무엇인지 함께 살펴보겠습니다.

◆◆◆ 예수 이름의 비밀 알아가기 ◆◆◆

1. 그리스도, 메시아, 기름 부으심 받은 자

그가 먼저 자기의 형제 시몬을 찾아 말하되 우리가 메시아를 만났다 하고 (메시아는 번역하면 그리스도라) 요 1:41

1 그리스도(Christ) = 메시아(messiah) = ________ 을 받은 자

TIP '기름 부으심을 받은 자'란 헬라어로 Χριστός(크리스토스, 그리스도), 히브리어로 מָשִׁיחַ (메시야흐, 메시야)로 사용된 동의어입니다. 구약에서 특별한 목적과 사명을 위해서 기름 부음의 의식을 행했습니다.

QUIZ

기름 부으심을 받은 자는 어떤 특별한 목적을 위해서 (   )이 직접 세운 사람으로서 그 (   )을 감당할 만한 (   )과 (   )를 부음 받은 자이다.

요한복음 말씀에서 안드레는 베드로에게 예수님을 메시아(그리스도)로 소개하고 있습니다. 만약 당신이 안드레처럼 누군가에게 예수님을 소개한다면 어떻게 소개하고 싶은지 나누어보십시오.

2 메시아(그리스도)를 기다리는 사람들

안드레가 말한 '우리가 메시아를 만났다'(We have found the Messiah)는 표현은 '애타게 찾다가 발견했다'라는 의미를 담고 있는데, 예수님 당시의 사람들은 왜 이렇게 메시아를 갈망했습니까?

내가 메시아를 갈망한다면 그것은 어떤 이유 때문입니까?

유대인들과 다른 기대를 가지고 있다면 어떤 메시아를 기대하고 있는지 나누어보십시오.

2. 그리스도의 세 가지 역할

1 선지자, 왕, 제사장

구약에서 하나님은 특별한 목적을 위해서 선지자(Prophet), 왕(King), 제사장(Priest)에게 기름을 부으셨습니다. 각 역할은 무엇입니까?

만약 내가 기름 부음을 받게 된다면 세 가지 중에 어떤 역할로 기름 부음을 받고 싶은지 나누어보십시오.

2 예수님의 기름 부으심

예수님이 받으신 기름 부으심의 특별한 점은 무엇입니까?

예수님은 구약의 선지자, 왕, 제사장들과 어떤 면에서 달랐는지 각각 나누어보십시오.

첫째, 그리스도는 __________입니다.
둘째, 그리스도는 __________입니다.
셋째, 그리스도는 __________입니다.

예수님이 우리의 선지자, 왕, 제사장이 되어주신다는 사실에서 우리가 받게 되는 위로와 소망은 무엇입니까?

예수님을 나의 선지자, 왕, 제사장으로 모시는 삶이 무엇인지 함께 나누어보십시오.

① 나의 선지자

② 나의 왕

③ 나의 제사장

3. 너희는 나를 누구라 하느냐?

마 16:15

평소에 내가 가지고 있는 예수님에 대한 이미지를 다양한 방법으로 소개해보십시오.

당시 예수님이 제자들에게 "너희는 나를 누구라 하느냐"라고 물으신 이유는 무엇이라고 생각합니까?

4. 주는 그리스도시요 살아 계신 하나님의 아들

1 베드로의 신앙고백

시몬 베드로가 대답하여 이르되 주는 그리스도시요 살아 계신 하나님의 아들이시니이다 마 16:16

베드로의 고백은 교회의 초석을 놓은 역사적인 고백이었습니다. 베드로가 이러한 위대한 고백을 할 수 있었던 이유는 무엇이라고 생각하는지 나누어보십시오. (마 16:14-17 참고)

2 나의 신앙고백

나에게 예수님은 어떤 분인지 신앙고백문을 작성해보십시오.

③ 예수님의 경고

20 이에 제자들에게 경고하사 자기가 그리스도인 것을 아무에게도 이르지 말라 하시니라 21 이 때로부터 예수 그리스도께서 자기가 예루살렘에 올라가 장로들과 대제사장들과 서기관들에게 많은 고난을 받고 죽임을 당하고 제삼일에 살아나야 할 것을 제자들에게 비로소 나타내시니 마 16:20,21

예수님은 베드로의 위대한 신앙고백 뒤에 자신의 정체에 대한 함구령을 내리시며 '십자가 사건'을 본격적으로 예언합니다. 왜 예수님은 제자들에게 이런 함구령과 예언을 주셨는지 나누어보십시오.

5. 그리스도의 핵심 사명, 십자가

① 십자가 사건이 주는 영적 교훈

예수님의 십자가가 우리에게 가장 중요한 이유는 무엇입니까?

내가 십자가를 생각할 때마다 떠오르는 말씀이나 찬양 혹은 깨달은 은혜와 감사가 있다면 나누어보십시오.

② 그리스도의 핵심 사명 : ________와 ________

예수님의 핵심 사명은 십자가의 죽음을 통해서 우리를 구원하고, 부활을 통해서 영원한 하나님나라의 영광을 보여주는 것입니다. (마 16:21 참고)
이 핵심 사명을 제대로 이해할 때 우리의 기도와 삶의 목적은 어떻게 바뀌어야 하는지 나누어보십시오

평소 나는 어떤 영역에 관심을 가지고 있습니까?

내게 주신 영역에서 어떻게 사명을 이루어갈지 나누어보십시오.

6. 그리스도와 성령의 기름 부으심

1 성령의 ___________

하나님이 나사렛 예수에게 성령과 능력을 기름 붓듯 하셨으매 그가 두루 다니시며 선한 일을 행하시고 마귀에게 눌린 모든 사람을 고치셨으니 이는 하나님이 함께 하셨음이라 행 10:38

베드로의 증언을 토대로 예수님의 사역과 설교에 놀라운 기적과 회복의 역사가 나타난 것 같이 하나님과 함께함으로 내 삶에서 나타난 기적과 회복의 역사는 무엇인지 나누어보십시오.

2 성령의 ___________과 영적 승리

내가 경험한 성령충만의 경험은 무엇입니까?

최근 내가 경험한 크고 작은 영적 승리나 실패가 있다면 무엇인지 나누어보십시오.

7. 기름 부으심 받은 그리스도의 풍성한 사역

누가복음 4장 17-19절을 함께 읽어보고, 이사야가 예언한 메시아의 풍성한 사역이 무엇인지 관찰해보십시오. (사 61:1-3 참고)

1. __________ 전파
2. 영적인 자유
3. __________
4. 영원한 안식과 기쁨

〈그리스도의 계절〉이라는 찬양을 함께 불러보고, 성령님이 나에게 주시는 은혜와 비전은 무엇인지 함께 나누어보십시오.

◆◆◆ 예수 이름으로 살아가기 ◆◆◆

1. 그리스도, 메시아, 기름 부으심을 받은 자

기름 부으심을 받은 자란 헬라어로 그리스도, 히브리어로 메시아를 의미합니다. 구약에서 왕, 선지자, 제사장은 특별한 사명을 위해서 기름 부음을 받았습니다. 예수님은 구약의 기름 부음을 받은 자들과 달리 왕, 선지자, 제사장의 모든 역할을 감당하신 분이십니다.

2. 예수는 그리스도

예수님은 베드로의 고백처럼 우리의 죄를 해결하고 십자가의 사명을 감당하기 위해서 오신 하나님의 아들, 그리스도이십니다. 우리는 예수님에 대한 인간적인 모든 기대를 내려놓고 그분의 핵심 사명인 십자가 부활 사건에 주목해야 합니다.

3. 성령의 기름 부으심과 사역

예수님의 모든 사역과 설교는 성령의 기름 부으심과 충만함 속에서 이루어졌습니다. 베드로와 제자들은 성령의 임재와 충만함이 영적 승리의 비결임을 배웠습니다. 우리가 그리스도라는 이름을 부를 때 우리 역시 십자가의 은혜와 성령의 능력을 경험하게 될 것입니다.

4. 내 삶에 적용하기

1) 오늘 배운 내용 중 내가 붙잡아야 할 약속이 있다면 무엇입니까?
(Promises to Claim)

2) 오늘 배운 내용 중 내가 순종해야 할 명령이 있다면 구체적인 실천 계획을 세워보십시오. (Commands to Obey)

함께 기도하기 & 암송 구절과 필사

함께 기도하기

우리가 주님을 그리스도라고 고백할 때,
하나님께서 주님을 세상을 구원할 메시아로 기름 부으셨음을 기억합니다.
주님은 우리의 왕이시오, 선지자요, 제사장이십니다.
무엇보다 그리스도라는 이름에는 십자가 보혈의 은혜와 함께
성령의 기름 부으신 능력이 가득함을 믿습니다.
그리스도이신 주님이 나와 가정과 교회와 나라와 민족을 살리실 줄 믿습니다.

○ **예수 이름으로 나의 기도문 작성하기**

암송 구절과 필사

시몬 베드로가 대답하여 이르되 주는 그리스도시요 살아 계신 하나님의 아들이시니이다 마 16:16

정답 | 1. 1 기름 부으심 Quiz : 하나님, 사명, 능력, 권위 2. 2 첫째-선지자, 둘째-왕, 셋째-제사장
5. 2 십자가, 부활 6. 1 임재 2 충만 7. 1 복음 3 치유

Jesus
Christ
Lord
The Vine
The Lamb
Immanuel
Sovereign
The Son of God
The Son of Man
Alpha and Omega
The King of Kings
The Prince of Peace
The Good Shepherd
The Word Incarnate
The Great High Priest

CHAPTER

03

주

LORD

CHAPTER

03 주 LORD

핵심 성경 구절

네가 만일 네 입으로 예수를 주로 시인하며 또 하나님께서 그를 죽은 자 가운데서 살리신 것을 네 마음에 믿으면 구원을 받으리라 롬 10:9

9 이러므로 하나님이 그를 지극히 높여 모든 이름 위에 뛰어난 이름을 주사 10 하늘에 있는 자들과 땅에 있는 자들과 땅 아래에 있는 자들로 모든 무릎을 예수의 이름에 꿇게 하시고 11 모든 입으로 예수 그리스도를 주라 시인하여 하나님 아버지께 영광을 돌리게 하셨느니라 빌 2:9-11

13 그가 우리를 흑암의 권세에서 건져내사 그의 사랑의 아들의 나라로 옮기셨으니 14 그 아들 안에서 우리가 속량 곧 죄 사함을 얻었도다 골 1:13,14

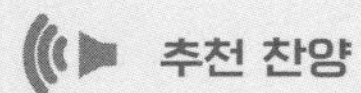

QR코드를 따라가시면 찬양 음원과 가사가 제공됩니다.

모든 이름 위에 뛰어난 이름

나는 어린 양을 따르리

◆◆◆ 마음 문을 열면서 ◆◆◆

신약성경에서 '주'라는 헬라어 단어 '큐리오스'(Kyrios)는 라틴어 '도미누스'(Dominus)와 같은 의미인데 노예가 주인을 부르는 존대어입니다. 따라서 우리가 '주 예수 그리스도'(The Lord Jesus Christ)라고 부르는 것은 예수 그리스도가 우리의 주님이 되신다는 믿음의 고백을 담고 있는 것입니다. 그렇다면 '주님'이라는 이름의 영적인 비밀이 무엇인지 함께 살펴봅시다.

TIP 헬라어 'Κύριος'(큐리오스, 주)는 구약성경에서 하나님의 이름 '여호와'를 부를 때 사용하는 '아도나이'와 같은 의미입니다. 예수님을 '주'라고 부르는 것은 예수님이 하나님이라는 믿음의 고백이 담겨 있는 것입니다.

◆◆◆ 예수 이름의 비밀 알아가기 ◆◆◆

1. 구원의 능력을 누리는 비결

네가 만일 네 입으로 예수를 주로 시인하며 또 하나님께서 그를 죽은 자 가운데서 살리신 것을 네 마음에 믿으면 구원을 받으리라 롬 10:9

구원의 시제는 과거형, 현재진행형, 미래형으로 구분할 수 있습니다. 로마서의 말씀을 통해서 볼 때, 우리의 입술로 예수를 주로 시인하는 삶은 무엇과 관계가 있는지 살펴보고, 입술로 시인하는 삶이 왜 중요한지 나누어보십시오. (《기독교 에센스》 p. 51-74 참고)

①과거형 구원(Salvation past) : ____________

②현재진행형 구원(Salvation present) : ____________

③ 미래형 구원(Salvation Future) : ______

2. 소속이 바뀌었음을 공식화하는 선포

골 1:13,14

① 하나님이 행하신 일

골로새서의 말씀을 통해서 볼 때 '두 나라'가 있음을 알 수 있습니다. 하나님이 우리의 소속과 신분을 바꾸기 위해서 행하신 일은 무엇인지 나누어보십시오.

② 공식 선포

우리가 예수를 주로 고백하는 것은 악한 군주를 향한 전쟁 선포이자 예수님이 진짜 주인이심을 선포하는 사건입니다.

나는 평소에 그리스도인이라는 사실을 어떻게 선포하고 있는지 나누어 보십시오.

---

3. 대가를 치르는 충성

1 ________________ 강요(정치적, 사회적 문제)

황제숭배(Emperor Worship)를 강요하는 로마의 사회적-정치적 분위기 속에서 예수님만을 주인으로 삼는다는 것은 어떤 의미였습니까?

만약 나라면 이런 상황에서 어떻게 했을지 한 번 나누어보십시오.

---

② ____________ 감수(경제와 문화적인 문제)

초대교회 성도들은 예수를 믿는다는 것 때문에 엄청난 불이익을 감수해야 했습니다.
내가 예수를 믿는다는 이유 때문에 받았던 불이익이나 고난이 있다면 나누어보십시오.

"예수를 우리의 주로 고백한다는 것은 예수님이 받으셨던 십자가 고난에 부끄러움 없이 나도 동참한다는 이야기입니다. 예수님 때문에 세상에서 욕먹고, 오해받고, 직장을 잃고, 핍박받고, 쫓겨난다고 할지라도 감수하겠다는 결심입니다. 그러면 하나님께서는 하늘의 상급으로 보상해 주실 것입니다."

4. 사람의 힘으로 할 수 없는 고백

① 베드로의 호언장담

누가복음 22장 33절에서 베드로는 충성스러운 맹세를 했지만 속절없이 무너졌습니다. 이때 베드로의 심정은 어떠했겠습니까?

베드로와 같은 경험이 있었다면 나누어보십시오.

---

2 성령님의 붙드심

세상을 이길 수 있는 힘은 인간적인 결심과 힘이 아닙니다. 성령의 붙드심과 성령의 충만함만이 세상을 이길 수 있는 힘과 지혜입니다.
아래의 기도문으로 기도하면서 성령님의 도우심을 간구해보십시오.

> 우리의 연약함을 도우시는 성령 하나님!
> 우리의 모든 인간적인 결심과 힘을 내려놓고
> 성령님의 도우심과 성령의 충만함을 간구합니다.
>
> 지금 이 시간 우리 마음속에 계신 성령님께서
> 우리의 생각과 마음과 의지를 다스려주시고,
> 충성의 대가를 치를 수 있는 헌신의 삶을 살게 하여주시옵소서.
> 예수님의 이름으로 기도드립니다. 아멘!

5. 절대 순종의 헌신

1 주기도문의 의미(The Lord's Prayer)

① 하늘의 뜻이 땅에서 이루어짐
주기도문에서 '하늘의 뜻이 땅에서도 이루어진 것 같이'라는 말씀의 의미

는 무엇이라고 생각하십니까?

하늘의 뜻이 이 땅에서 이루어지기 위해서 우리가 할 수 있는 일은 무엇입니까?

② 주인의 권리와 책임

헬라-로마 문명권에서는 주인이 종의 모든 것을 소유하며, 생사여탈권을 가지고 있었습니다. 동시에 주인은 종을 보호하고 모든 필요를 채워줘야 하는 책임이 있었습니다. 예수님이 우리의 주인이 되어주신다는 사실을 생각할 때 내가 종으로서 주인 앞에 가져야 할 자세와 주인에게 기대할 수 있는 특권과 축복은 무엇입니까?

6. 삶의 모든 영역에서 진정한 주인이 되기 원하신다

1 예수님의 노크

계 3:20

예수님이 우리 마음의 문을 두드리고 계신다는 것에서 무엇을 깨닫게 되었습니까?

우리가 마음의 문을 열지 못하고 닫아둔 영역이 있다면 무엇인지 나누어 보고, 그 문을 열고 예수님을 초대해보시기 바랍니다. (예 : 자녀교육, 부동산, 사업, 물질, 건강, 관계 등)

"예수님을 내 인생의 주인으로 고백하고 내 삶의 모든 영역이 주님의 다스림 아래로 들어가면, 그것은 노예의 삶이 아니라 기적의 삶이 됩니다."

② 예수님과의 풍성한 ______________

예수님이 우리 마음의 중심에 들어오실 때 비로소 진정한 인격적 관계가 시작됩니다.
지금 나와 예수님과의 인격적 교제는 어떠한지 관계의 온도를 점검해본다면 어느 수준인지 나누어보십시오.

7. 불순종의 삶을 순종의 삶으로 조정하신다

① 하나님의 조정

하나님은 예수님이 주인 됨을 거부하는 영역을 가장 먼저 다스리시고 조정하길 원하십니다.
하나님이 나의 삶 중에 조정하길 원하시는 부분이 있다면 무엇인지 나누어보십시오.

② 하나님의 ______________

요나의 기도(욘 2장)를 함께 읽어보고 요나의 마음이 어떻게 변화되고 있는지 살펴보십시오.

내 기도가 변화되고 재조정되어야 할 부분이 있다면 나누어보십시오.

8. 예수님을 주로 고백하는 자의 영적 특권

1 예수 이름의 권위

빌 2:9,10

빌립보서의 말씀 속에서 예수님의 권위의 시작과 범위는 무엇인지 발견해보십시오.

예수 이름의 권세가 내 삶에 어떤 영향을 미치고 있는지 나누어보십시오.

② 두 권위의 차이

예수님과 마귀의 권위는 분명한 차이가 있습니다. 마귀에게는 없고 예수님에게만 있는 권위는 무엇입니까?

이 사실이 우리에게 주는 소망은 무엇인지 나누어보십시오.

9. 입술로 드리는 고백의 영적 의미

① ______________의 능력

하나님의 말씀에 창조의 능력이 있는 것처럼 하나님의 자녀 된 우리에게도 입술의 권세가 있습니다.
우리의 입술에 영적인 권세와 축복이 있다는 점을 감안할 때 내 입술을 어떻게 사용해야 하는지 나누어보십시오. (평소 나의 언어습관도 점검해보십시오.)

② 초대교회 성도들의 ___________

초대교회 성도들은 입술로 예수를 주라 시인할 뿐 아니라 삶으로 충성스러운 믿음을 보여주었습니다.
나의 입술의 고백에 비추어볼 때 삶의 고백은 어떠한지 나누어보십시오.

③ 충성과 순종의 결단

내가 예수님께 순종하지 못하고 문을 열어드리지 못한 영역들이 있다면 무엇입니까? 입술의 고백과 삶의 고백이 일치되기 위한 충성과 순종의 서약문을 작성하고 결단해보십시오.

◆◆◆ 예수 이름으로 살아가기 ◆◆◆

1. 구원의 능력을 누리는 비결

우리가 예수님을 '주'라고 시인할 때 마귀의 공격과 권세로부터 승리를 얻게 될 것입니다. 왜냐하면 예수님을 우리의 '주'로 선포한다는 것은 우리가 속한 나라와 섬기는 주군이 바뀌었다는 것을 선포하는 것이기 때문입니다.

2. 대가를 치르는 충성

예수님을 '주'라고 시인하는 것은 단순한 입술의 고백이 아닙니다. 초대교회 성도들은 황제숭배를 강요하는 정치적-사회적 분위기 속에서 경제적-문화적인 불이익을 감수하며 오직 예수님만을 '주'라고 고백했습니다. 이러한 대가를 치르는 충성은 성령의 충만함을 통해서만 가능한 것입니다.

3. 절대적인 헌신과 순종의 영적 축복

예수님은 우리에게 절대적이고 즉각적인 순종을 원하십니다. 하지만 예수님은 우리의 자유의지와 인격을 존중하시기 때문에 우리 마음의 문을 두드리십니다. 예수님을 우리 마음의 중심에 모시면, 우리는 모든 영역에서 순종의 삶을 살게 될 것입니다. 초대교회 성도들처럼 오직 예수님만을 '주'로 시인하고 섬기는 믿음을 결단해보십시오.

4. 내 삶에 적용하기

1) 오늘 배운 내용 중 내가 붙잡아야 할 약속이 있다면 무엇입니까? (Promises to Claim)

2) 오늘 배운 내용 중 내가 순종해야 할 명령이 있다면 구체적인 실천 계획을 세워보십시오. (Commands to Obey)

함께 기도하기

우리는 이제 이전에 섬기던 세상의 권세 잡은 자가 아닌
십자가에서 돌아가신 예수님을 주인으로 섬기는 사람들입니다.
우리의 예수님을 주인님으로 섬기게 되어
세상으로부터 어떤 핍박을 당한다 해도 절대 후회하지 않습니다.
우리 삶의 모든 영역에서 주님께 온전히 순종할 때,
마귀가 감당치 못하는 영적 권위가 우리에게 주어질 줄 믿습니다.

○ **예수 이름으로 나의 기도문 작성하기**

암송 구절과 필사

이러므로 하나님이 그를 지극히 높여 모든 이름 위에 뛰어난 이름을 주사 하늘에 있는 자들과 땅에 있는 자들과 땅 아래에 있는 자들로 모든 무릎을 예수의 이름에 꿇게 하시고 모든 입으로 예수 그리스도를 주라 시인하여 하나님 아버지께 영광을 돌리게 하셨느니라 **빌 2:9-11**

정답 | **1.** ① 칭의 ② 성화 ③ 영화 **3.** ① 황제숭배 ② 불이익 **6.** ② 교제 **7.** ② 재조정 **9.** ① 입술 ② 충성

Jesus
Christ
Lord
The Vine
The Lamb
Immanuel
Sovereign
The Son of God
The Son of Man
Alpha and Omega
The King of Kings
The Prince of Peace
The Good Shepherd
The Word Incarnate
The Great High Priest

CHAPTER 04

임마누엘

IMMANUEL

CHAPTER

04 임마누엘 IMMANUEL

핵심 성경 구절

그러므로 주께서 친히 징조를 너희에게 주실 것이라
보라 처녀가 잉태하여 아들을 낳을 것이요 그의 이름을 임마누엘이라 하리라 사 7:14

22 이 모든 일이 된 것은 주께서 선지자로 하신 말씀을 이루려 하심이니 이르시되
23 보라 처녀가 잉태하여 아들을 낳을 것이요 그의 이름은 임마누엘이라 하리라
하셨으니 이를 번역한즉 하나님이 우리와 함께 계시다 함이라 마 1:22,23

추천 찬양

QR코드를 따라가시면 찬양 음원과 가사가 제공됩니다.

내 모든 것(주 임재 안에서)

오 신실하신 주

◆◆◆ 마음 문을 열면서 ◆◆◆

우리 주변에는 편하고 쉽게 다가갈 수 있는 사람이 있는가 하면 함부로 다가갈 수 없는 분들이 있습니다. 회사의 사장, 군대의 장군, 대통령과 같은 분들은 높은 위치와 자리에 있기 때문에 쉽게 다가갈 수 없습니다. 하지만 가장 높으신 분, 온 세상의 주인이신 하나님이 우리와 함께하신다고 약속합니다. 그 약속의 이름이 바로 '임마누엘'입니다. 그렇다면 임마누엘의 이름에 담긴 하나님의 은혜와 영적인 비밀을 함께 살펴봅시다.

◆◆◆ 예수 이름의 비밀 알아가기 ◆◆◆

1. 우리가 경험하고 다가갈 수 있는 하나님

마 1:22,23

① 우리와 ________ 하시는 하나님

임마누엘은 '하나님이 우리와 함께 계신다'(God with us)라는 의미입니다. 높고 먼 곳에 계신 하나님이 나와 함께하신다는 이 말씀이 나에게 어떤 의미로 다가오는지 나누어보십시오.

② 임마누엘 예수님: ________

하나님은 왜 스스로 자기의 영광과 빛을 감추시고 인간으로 오셨습니까?

하나님이 우리를 위해서 인간으로 오셨다는 사실에서 무엇을 느끼게 되는지 나누어보십시오.

"임마누엘 예수님은 우리의 경배를 받으시면서 동시에 우리의 손을 잡아주시는 분입니다. 함부로 할 수 없는 하나님이시지만, 항상 다가갈 수 있는 하나님. 그분이 바로 임마누엘 예수님이십니다."

2. 임마누엘, 위기의 시대에 주시는 위로의 이름

1 이사야의 예언

임마누엘의 예언은 총체적 난국에 빠진 이사야 시대에 주신 약속의 말씀입니다.(사 7:14 참고)
지금 우리 시대와 비교해볼 때 임마누엘의 약속이 오늘날 우리에게 어떤 위로와 소망이 되는지 나누어보십시오.

2 내 편이신 하나님

임마누엘의 하나님은 우리와 함께하시고 내 곁에서 손을 잡아주시며 '나는 네 편'이라고 말씀하십니다. 하나님이 내 편이 되어주신다는 말씀이 주는 위로와 소망은 무엇입니까?(시 118:6,7 참고)

3. 임마누엘, 우리의 고통을 경험으로 이해하시는 분

17 그러므로 그가 범사에 형제들과 같이 되심이 마땅하도다 이는 하나님의 일에 자비하고 신실한 대제사장이 되어 백성의 죄를 속량하려 하심이라 18 그가 시험을 받아 고난을 당하셨은즉 시험 받는 자들을 능히 도우실 수 있느니라 히 2:17,18

1 우리의 고통을 이해하시는 분

히브리서의 말씀을 통해서 볼 때 예수님이 우리를 이해하고 도우실 수 있는 이유는 무엇인지 나누어보십시오.

2 현재의 고통

현재 지금 내가 겪고 있는 고통은 주로 어떤 것인지 나누어보십시오.

4. 임마누엘, 우리의 짐을 함께 져주시며 복을 주시는 분

① 예수님의 __________

마 11:28,29

예수님은 왜 수고하고 무거운 짐 진 자들에게 나의 멍에를 메고 배우라고 하셨습니까?

내가 내려놓아야 할 짐들이 있다면 무엇인지 나누어보십시오.

② 요셉의 하나님

17세의 어린 나이에 애굽의 노예로 끌려온 요셉이 폭풍 같은 고난을 이기고 형통할 수 있었던 비결은 임마누엘의 하나님 때문이었습니다.
임마누엘의 하나님 덕분에 고난 속에서도 형통했던 경험이 있다면 나누어보십시오.

5. 임마누엘, 환난 가운데서 우리를 지켜주시는 분

1 풀무불 속의 하나님

24 그 때에 느부갓네살 왕이 놀라 급히 일어나서 모사들에게 물어 이르되 우리가 결박하여 불 가운데에 던진 자는 세 사람이 아니었느냐 하니 그들이 왕에게 대답하여 이르되 왕이여 옳소이다 하더라 25 왕이 또 말하여 이르되 내가 보니 결박되지 아니한 네 사람이 불 가운데로 다니는데 상하지도 아니하였고 그 넷째의 모양은 신들의 아들과 같도다 하고

단 3:24,25

다니엘서의 말씀에서 느부갓네살 왕이 놀란 이유는 무엇입니까?

다니엘서에 나타난 하나님의 도우심과 같은 기적이 나의 삶 속에 나타난 간증이 있다면 나누어보십시오.

2 하나님의 특별한 방법

사 43:2

이사야의 말씀은 우리를 도우시는 하나님의 특별한 방법을 보여줍니다.
하나님은 왜 이런 방법을 사용하시는지 나누어보십시오.

6. 임마누엘, 우리를 거룩하게 하시는 분

1 ________한 삶

너희는 거룩하라 이는 나 여호와 너희 하나님이 거룩함이니라 레 19:2

하나님이 우리에게 명령하시는 것은 거룩한 삶입니다.
나의 삶 속에서 하나님의 거룩을 침해하고 있는 죄가 있다면 무엇인지 나누어보십시오.

"거룩하신 하나님이 나와 항상 동행하시는 하나님이시라면, 우리는 거룩하지 않게 살기가 힘듭니다. 죄에서 자유롭게 되는 가장 확실한 길은 항상 임마누엘 하나님을 의식하고, 그분과 동행하는 것입니다."

② 모든 곳에 계신 하나님

9 내가 새벽 날개를 치며 바다 끝에 가서 거주할지라도 10 거기서도 주의 손이 나를 인도하시며 주의 오른손이 나를 붙드시리이다 시 139:9,10

시편의 말씀처럼 하나님은 모든 곳에 계시기 때문에 우리가 어디를 가든지 함께하십니다. 성경은 영적인 위치 선정의 중요성을 강조하는데 지금 서 있는 곳은 어디인지, 하나님이 기뻐하시는 곳인지 나누어보십시오.

7. 임마누엘, 두려움을 이기고 승리할 수 있게 이끄시는 분

① 사명자에게 주시는 약속

수 1:5

여호수아 1장 5절의 말씀은 여호수아에게 주신 말씀입니다. 하나님은 왜 여호수아에게 이런 약속을 주셨습니까?

내가 감당하기 어렵고 두려운 상황에서 나에게 주신 약속의 말씀이 있다면 무엇입니까?

② 두려움을 이기는 해법

내가 감당할 수 없을 만큼 두려운 사명이나 책임이 있다면 무엇입니까?

어떻게 하면 성공적으로 사명을 완수할 수 있는지 나누어보십시오.

"두려움을 이기는 결정적인 해법은 하나님이 나와 함께하심을 확신하는 것입니다."

◆◆◆ 예수 이름으로 살아가기 ◆◆◆

1. 우리가 경험하고 다가갈 수 있는 하나님

하나님은 이 세상 어떤 존재보다 높고 위대하십니다. 바로 그분이 우리와 함께하시기 위해서 자신의 영광과 빛을 감추시고 인간으로 오셨습니다. 말구유와 같은 낮은 곳에 오신 아기 임마누엘 예수님은 전지전능하면서 동시에 우리가 항상 편하게 다가갈 수 있는 하나님이십니다.

2. 위로하시며 함께하시는 임마누엘

임마누엘의 하나님은 총체적 난국과 위기의 시대에 주시는 위로와 소망의 이름입니다. 임마누엘은 우리와 함께하시는 하나님이 우리의 편이 되어주신다는 약속입니다. 예수님은 친히 인간이 되셔서 인간의 모든 것을 경험하셨기 때문에 우리를 가장 잘 이해하고 도우실 수 있는 분입니다.

3. 환난 가운데 도우시고 승리를 주시는 임마누엘

임마누엘의 주님은 환난 가운데 우리와 함께하십니다. 환난을 없애주시지는 않지만 물과 불의 환난 속에서 친히 함께하셔서 고난을 돌파하게 하십니다. 하나님은 어느 곳에나 계시기 때문에 우리가 그분의 말씀에 순종하는 거룩한 삶을 산다면 하나님과 동행하는 축복을 받게 될 것입니다. 임마누엘의 하나님을 믿고 따르기만 한다면 모든 두려움을 이기고 극적인 승리를 얻게 될 것입니다.

4. 내 삶에 적용하기

1) 오늘 배운 내용 중 내가 붙잡아야 할 약속이 있다면 무엇입니까? (Promises to Claim)

2) 오늘 배운 내용 중 내가 순종해야 할 명령이 있다면 구체적인 실천 계획을 세워보십시오. (Commands to Obey)

함께 기도하기 & 암송 구절과 필사

함께 기도하기

우리가 주님을 임마누엘이라고 고백할 때
항상 우리 곁에 계시며 우리와 동행하시는 주님!
우리를 떠나지도 버리지도 아니하시는 신실한 주님을 믿습니다.
우리의 모든 고통을 이해하시며, 모든 짐을 함께 져주시고,
환난 가운데 지키시며, 우리를 승리하게 하시는 주님을 사랑합니다.
세상 끝날까지 우리와 함께해주시옵소서.

○ **예수 이름으로 나의 기도문 작성하기**

암송 구절과 필사

이 모든 일이 된 것은 주께서 선지자로 하신 말씀을 이루려 하심이니 이르시되 보라 처녀가 잉태하여 아들을 낳을 것이요 그의 이름은 임마누엘이라 하리라 하셨으니 이를 번역한즉 하나님이 우리와 함께 계시다 함이라 마 1:22,23

정답 | **1.** 1 함께 2 성육신 **4.** 1 명에 **6.** 1 거룩

Jesus
Christ
Lord
The Vine
The Lamb
Immanuel
Sovereign
The Son of God
The Son of Man
Alpha and Omega
The King of Kings
The Prince of Peace
The Good Shepherd
The Word Incarnate
The Great High Priest

CHAPTER

05

어린양

THE LAMB

CHAPTER

05 어린양 THE LAMB

핵심 성경 구절

내가 애굽 땅을 칠 때에 그 피가 너희가 사는 집에 있어서 너희를 위하여 표적이 될지라 내가 피를 볼 때에 너희를 넘어가리니 재앙이 너희에게 내려 멸하지 아니하리라 출 12:13

이튿날 요한이 예수께서 자기에게 나아오심을 보고 이르되 보라 세상 죄를 지고 가는 하나님의 어린양이로다 요 1:29

11 내가 또 보고 들으매 보좌와 생물들과 장로들을 둘러 선 많은 천사의 음성이 있으니 그 수가 만만이요 천천이라 12 큰 음성으로 이르되 죽임을 당하신 어린양은 능력과 부와 지혜와 힘과 존귀와 영광과 찬송을 받으시기에 합당하도다 하더라 13 내가 또 들으니 하늘 위에와 땅 위에와 땅 아래와 바다 위에와 또 그 가운데 모든 피조물이 이르되 보좌에 앉으신 이와 어린양에게 찬송과 존귀와 영광과 권능을 세세토록 돌릴지어다 하니 14 네 생물이 이르되 아멘 하고 장로들은 엎드려 경배하더라 계 5:11-14

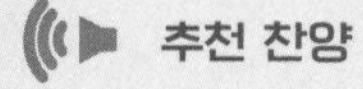

QR코드를 따라가시면 찬양 음원과 가사가 제공됩니다.

죽임 당하신 어린 양

갈보리산 위에

◆◆◆ 마음 문을 열면서 ◆◆◆

성경에서 예수님을 소개하는 다양한 이미지가 있습니다. 세례 요한은 예수님을 '세상 죄를 지고 가는 하나님의 어린양'이라고 말했고, 요한계시록은 유독 '어린양'이라는 이름을 많이 사용합니다. 무려 28번이나 등장하죠. 그렇다면 어린양이라는 이름에 담긴 은혜와 영적인 비밀은 무엇입니까? 하나님의 어린양 예수 그리스도를 알아가는 시간을 가져봅시다.

◆◆◆ 예수 이름의 비밀 알아가기 ◆◆◆

1. 피 흘림 희생의 성경적 기원

창 3:21

① 가죽옷에 담긴 사랑

하나님은 아담과 하와를 에덴동산에서 내보내시면서 가죽옷을 지어 입히셨습니다. 가죽옷에 담긴 하나님의 사랑과 영적인 의미가 무엇인지 함께 나누어보십시오.

② __________의 의미

육체의 생명은 피에 있음이라 내가 이 피를 너희에게 주어 제단에 뿌려 너희의 생명을 위하여 속죄하게 하였나니 생명이 피에 있으므로 피가 죄를 속하느니라 레 17:11

TIP 대속(redemption)은 값을 치르고 죄를 사해준다는 의미

아담과 하와가 지은 원죄(Original Sin)는 인류와 피조물 전체에게 영향을 미쳤습니다. 뿐만 아니라 독생자 예수 그리스도의 십자가 죽음을 초래했습니다. 내가 경험한 십자가 대속의 은혜와 간증이 있다면 나누어보십시오.

2. 출애굽 때 흘려진 유월절 어린양의 피

1 애굽의 재앙

출애굽의 밤에 일어난 마지막 재앙은 애굽의 모든 장자를 죽이는 것이었습니다. (출 12:21-23 참고) 애굽 사람들과 달리 이스라엘 사람들이 구원을 받을 수 있었던 이유는 무엇 때문이었습니까?

"우리는 오직 예수 그리스도의 보혈을 붙잡는 믿음으로 구원을 받습니다. 우리는 우리 자신의 힘으로 죄 문제를 해결하지 못합니다. 죄는 우리 힘으로 극복되는 게 아니라, 어린양 예수님의 보혈로 씻어지는 것입니다."

2 유월절 어린양의 보혈

벧전 1:18,19

구약시대의 제사장들은 백성의 죄를 속하기 위하여 염소와 송아지, 어린양의 피로 제사를 드렸습니다. (히 9:13 참고)
하나님은 왜 짐승들의 피가 아닌 어린양 예수 그리스도의 보혈을 흘리게 하셨습니까?

3. 어린양 보혈의 능력은 과거완료형이면서 동시에 현재진행형

이튿날 요한이 예수께서 자기에게 나아오심을 보고 이르되 보라 세상 죄를 지고 가는 하나님의 어린양이로다 요 1:29

세례 요한은 예수님을 "세상 죄를 지고 가는 하나님의 어린양"이라고 고백합니다. 예수님은 우리의 과거, 현재, 미래의 모든 죄를 짊어지고 가시는 분입니다. 이 사실이 우리에게 주는 소망은 무엇입니까?

마귀는 우리가 용서 받은 죄에 대해서도 집요하게 물고 늘어져서 죄책감과 절망감을 심어줍니다. 이 시간 어린양의 보혈의 능력을 의지해서 죄 사함과 구원의 확신을 선포해보십시오.

4. 어린양의 보혈은 우리를 보호한다

1 영적인 ___________

출애굽의 밤이 보여주는 것처럼, 어린양의 보혈은 우리를 지켜주는 '영적 방탄복'이 되어 마귀의 모든 시험과 유혹을 물리쳐줍니다.

평소 내가 가장 쉽게 무너지는 시험과 유혹의 영역이 있다면 구체적으로 무엇입니까?

2 영적인 보호

이 시간 어린양의 보혈의 능력을 의지해서 하나님의 보호를 요청하는 기도를 드려보십시오. 가능하면 한 사람씩 돌아가면서 짧은 기도를 해보십시오. (예. 개인, 가정, 자녀, 직장, 교회, 나라 등)

5. 어린양의 피는 죄의 권세를 공격하여 몰아낸다

1 유일한 해답

그가 빛 가운데 계신 것같이 우리도 빛 가운데 행하면 우리가 서로 사귐이 있고 그 아들 예수의 피가 우리를 모든 죄에서 깨끗하게 하실 것이요 요일 1:7

어린양의 보혈만이 두꺼운 죄의 사슬에서 우리를 자유케 할 수 있습니다. 또한 죄는 인간의 힘으로 끊어낼 수 없는 힘이 있습니다. 우리 주변에 끊기 힘든 각종 죄와 중독에 빠진 사람들을 볼 수 있습니다.
이웃 또는 나 자신이 끊지 못하는 습관이나 은밀한 죄가 있다면 어떤 것

이 있습니까?(예. 게임, 도박, 알코올, 음란물, 폭력성 중독 등)

2 진정한 ________

“십자가의 보혈로 우리의 옛사람이 죽는 ‘킬링’(Killing)이 없이는 진정한 ‘힐링’도 없습니다. 우리는 그 십자가의 능력으로 매일매일 죄의 세력을 이겨 나가야 합니다.”

나에게 킬링 되어야 할 부분이 있다면 무엇인지 나누어보십시오.

3 영적인 승리의 무기

계 17:14

어린양 예수 그리스도의 피는 우리를 보호하는 방어 무기이자 동시에 원수 마귀를 무너뜨리는 공격 무기임을 믿고 선포해야 합니다. 죄라는 바이러스를 치료하는 치료제이자, 예방하는 백신이 바로 어린양의 보혈입니다. 그러므로 우리의 모든 생활 속에서 보혈의 능력이 끊임없이 역사하도록 해야 합니다.

보혈의 능력을 선포하며 삶에서 승리했던 경험이 있다면 나누어보십시오.

6. 어린양의 보혈의 의미

1 어린양의 보혈과 성령의 불

이사야 6장에 보면 제단 숯불로 이사야의 입술을 정결하게 하는 장면이 나옵니다. 이 숯불은 어린양의 보혈이 담긴 성령의 불을 의미합니다. 이처럼 성령의 역사는 어린양의 보혈을 통과해야 받을 수 있습니다.
어린양의 보혈을 통과한 성령의 불이 우리에게 주는 능력은 어떤 것들이 있습니까?

2 영혼을 정결하게 하는 힘

우리가 마음에 뿌림을 받아 악한 양심으로부터 벗어나고 히 10:22

어린양의 보혈은 우리의 영혼을 정결하게 합니다. 우리의 영혼이 정결해지면 영적인 유익과 축복을 경험하게 됩니다. 어떤 변화들이 있습니까?

① 영적 __________ : 지, 정, 의의 변화

② 마음의 __________ (마 5:8) : 성령의 인도하심

③ __________을 이기는 힘 : 패니 크로스비(F. J. Crosby)와
송명희 시인의 예

3 교회를 정결하게 함

이처럼 어린양의 보혈은 우리에게 영적 분별력과 성령의 인도하심, 환경을 이기는 힘을 주며 개인과 교회 공동체를 정결케 하는 능력이 됩니다.

히 9:21,22

히브리서의 말씀에서 피를 장막과 섬기는 기구에 뿌렸다는 것은 무엇을 의미합니까?

주님을 섬기는 모든 사람, 시간, 장소, 물건, 프로그램이 거룩해야 한다면 나의 예배와 섬김의 모습은 어떠한지 나누어보십시오.

④ 서로 __________하는 힘

이제는 전에 멀리 있던 너희가 그리스도 예수 안에서 그리스도의 피로 가까워졌느니라 엡 2:13

죄는 하나님과 사람, 사람과 사람 사이를 갈라놓았습니다. 죄는 분열과 대립을 낳았습니다. 하지만 그리스도의 보혈은 하나님과 사람을 화목하게 하고, 사람과 사람을 서로 사랑하게 하는 선물입니다.
내가 사랑하지 못하고 분열하고 대립했다가, 화목하고 사랑하게 된 경우가 있다면 나누어보십시오.

7. 어린양 예수 그리스도는 최후의 심판주시다

① 죽임을 당하신 어린양과 ____________________

계 21:27

하나님은 어린양이신 예수님에게 세상의 심판과 구원 계획을 이루는 두루마리를 여는 능력을 주셨습니다. 십자가에서 흘리신 어린양의 보혈이 세상을 심판하고 다스리는 능력의 토대가 되었기 때문입니다. 모든 사람들이 그리스도의 심판대 앞에 서게 될 때 어린양의 생명책이 우리의 영적 운명을 결정하게 될 것입니다.
이처럼 어린양이신 예수님이 두루마리의 주인이라는 사실이 우리에게 주는 소망이 무엇인지 나누어보십시오.

"어린양의 보혈로 정결해진 사람들만이 들어갈 수 있는 곳이 바로 하나님의 나라입니다. 천국은 죄를 한 번도 짓지 않은 사람들이 들어가는 나라가 아니라, 죄를 용서받은 사람들이 들어가는 나라입니다."

2 영원한 ____________

어린양은 새 예루살렘의 보좌에 앉아 계시고, 보좌에서는 생명수가 흘러나옵니다. 교회는 이 생명수를 흘려보내는 사명을 부여받은 곳입니다. 천국의 생명수를 흘려보내야 할 곳은 어디인지 나누어보십시오.

◆◆◆ 예수 이름으로 살아가기 ◆◆◆

1. 가죽옷의 영적 의미

하나님은 범죄한 아담과 하와를 위해서 가죽옷을 지어 입혀주십니다. 가죽옷은 죄 없는 짐승의 피를 흘려 만든 은혜의 옷이며, 하나님의 어린양 예수님의 보혈을 상징합니다. 출애굽의 밤에 이스라엘 백성들이 살 수 있었던 이유는 어린양의 보혈 안에 있었기 때문입니다. 이처럼 하나님의 어린양 예수 그리스도의 보혈은 죄와 사망의 권세로부터 우리를 지키는 힘입니다.

2. 어린양의 보혈의 영적 의미

어린양의 보혈은 우리를 보호하는 영적인 방탄복과 같습니다. 어린양의 보혈은 죄 문제를 해결하는 유일한 해답으로 우리의 과거, 현재, 미래의 모든 죄를 해결하는 힘이 있습니다. 어린양의 보혈 없이는 성령의 불을 받을 수 없기 때문에 언제나 보혈의 은혜를 의지해야 합니다.

3. 최후의 심판주가 되시는 어린양

어린양은 우리를 위해서 보혈의 피를 흘리셨을 뿐만 아니라 인류 심판과 구원의 계획이 담긴 두루마리의 주인이 되셨습니다. 승리하신 어린양은 새 예루살렘의 보좌에 앉으셔서 온 세상을 위한 생명수를 흘려보내 주십니다. 교회는 어린양의 생명수를 세상 속으로 흘려보내는 사명을 부여받은 곳입니다.

4. 내 삶에 적용하기

1) 오늘 배운 내용 중 내가 붙잡아야 할 약속이 있다면 무엇입니까?
   (Promises to Claim)

2) 오늘 배운 내용 중 내가 순종해야 할 명령이 있다면 구체적인 실천 계획을 세워보십시오. (Commands to Obey)

함께 기도하기 & 암송 구절과 필사

함께 기도하기

우리가 주님의 이름을 어린양으로 고백할 때,
우리 죄를 대속하기 위해 흘려주신 그 귀한 십자가 보혈의 은혜를 기억합니다.
그 보혈의 은혜가 우리의 죄를 씻어내어 우리를 정결하게 하고
그 보혈의 능력이 우리를 보호하고 치유하며,
그 보혈의 능력이 마귀의 권세를 몰아냄을 믿습니다.
어린양의 보혈을 통과한 자만이 성령의 불을 받을 수 있음도 믿습니다.
인류의 마지막을 심판하실 어린양 예수 그리스도께서 우리를 다스려주시옵소서.

○ **예수 이름으로 나의 기도문 작성하기**

암송 구절과 필사

내가 애굽 땅을 칠 때에 그 피가 너희가 사는 집에 있어서 너희를 위하여 표적이 될지라 내가 피를 볼 때에 너희를 넘어가리니 재앙이 너희에게 내려 멸하지 아니하리라 출 12:13

정답 | 1. 2 대속 4. 1 방탄복 5. 2 힐링 6. 2 ① 분별력 ② 청결 ③ 고난 4 사랑 7. 1 두루마리 2 생명수

Jesus
Christ
Lord
The Vine
The Lamb
Immanuel
Sovereign
The Son of God
The Son of Man
Alpha and Omega
The King of Kings
The Prince of Peace
The Good Shepherd
The Word Incarnate
The Great High Priest

CHAPTER

06

왕의 왕

THE KING OF KINGS

CHAPTER

06 왕의 왕 THE KING OF KINGS

핵심 성경 구절

시온의 딸아 크게 기뻐할지어다 예루살렘의 딸아 즐거이 부를지어다 보라 네 왕이 네게 임하시나니 그는 공의로우시며 구원을 베푸시며 겸손하여서 나귀를 타시나니 나귀의 작은 것 곧 나귀 새끼니라 슥 9:9

12 그 이튿날에는 명절에 온 큰 무리가 예수께서 예루살렘으로 오신다는 것을 듣고 13 종려나무 가지를 가지고 맞으러 나가 외치되 호산나 찬송하리로다 주의 이름으로 오시는 이 곧 이스라엘의 왕이시여 하더라 요 12:12,13

18 예수께서 나아와 말씀하여 이르시되 하늘과 땅의 모든 권세를 내게 주셨으니 19 그러므로 너희는 가서 모든 민족을 제자로 삼아 아버지와 아들과 성령의 이름으로 세례를 베풀고 20 내가 너희에게 분부한 모든 것을 가르쳐 지키게 하라 볼지어다 내가 세상 끝날까지 너희와 항상 함께 있으리라 하시니라 마 28:18-20

그 옷과 그 다리에 이름을 쓴 것이 있으니 만왕의 왕이요 만주의 주라 하였더라 계 19:16

추천 찬양

QR코드를 따라가시면 찬양 음원과 가사가 제공됩니다.

예수 우리 왕이여

예수 사랑해요

◆◆◆ 마음 문을 열면서 ◆◆◆

우리의 왕이신 예수님은 이상하게도 굉장히 초라한 삶을 사셨습니다. 로마 제국 같은 절대 강대국의 왕자가 아닌 가난한 시골 베들레헴의 말구유에서 태어나셨습니다. 그리고 나사렛에서 목수로 성장하셨습니다. 이런 예수님의 모습은 세상이 인정하는 왕의 스펙으로는 너무 초라하게 보입니다. 하지만 예수님은 세상 그 어떤 제왕과도 비교할 수 없는 왕의 왕이십니다. 왜냐하면 예수님의 왕국과 세상의 왕국은 차원이 다르기 때문입니다. 스가랴 9장 9절의 말씀을 통해서 볼 때 예수님은 어떤 왕으로 오셨는지 살펴봅시다.

◆◆◆ 예수 이름의 비밀 알아가기 ◆◆◆

1. 두 왕국의 충돌

1 하나님의 나라

성경에서 하나님나라는 어떤 지리적 공간이 아니라 하나님의 통치, 즉 하나님의 다스림을 의미합니다. 세상의 나라는 한정된 시간 속에 존재하지만, 하나님의 나라는 영원부터 영원까지입니다.
성경이 말하는 하나님나라의 핵심은 무엇입니까?

평소 내가 생각하던 하나님나라와 다른 점이 있다면 무엇인지 나누어보십시오.

2 ______________의 반란

사 14:12

한 때 '계명성, 샛별'(Morning Star)이라고 불릴 정도로 하나님의 총애를 받았던 천사장 루시퍼는 마음이 교만해져서 하나님을 대적하는 반란을 일으켰습니다. 하나님을 대적하는 루시퍼의 전략은 무엇인지 함께 나누어보십시오.

③ 하나님의 대응전략

나 예수는 교회들을 위하여 내 사자를 보내어 이것들을 너희에게 증언하게 하였노라 나는 다윗의 뿌리요 자손이니 곧 광명한 새벽 별이라 하시더라 계 22:16

하나님은 루시퍼의 반란과 계략을 뒤집는 최고의 반전을 보여주셨습니다. 그것은 가짜 빛이 아닌 진짜 빛을 세상에 보내주신 것입니다.
요한계시록의 말씀을 보면서 하나님의 반전 전략이 무엇인지 함께 나누어보십시오.

2. 왕은 우리의 사랑을 원하신다

① 사랑의 ___________

마 22:37

왕이신 예수님은 우리에게 '사랑의 계명'을 주셨습니다. 그리고 예수님을 부인했던 베드로에게도 "네가 나를 사랑하느냐"를 물으셨습니다. 예수님이 우리에게 '사랑의 계명'을 주시고, '사랑의 확인'을 하시는 이유는 무엇이라고 생각하는지 나누어보십시오.

2 영적 전쟁의 힘

영적 전쟁을 하면서 마귀를 묵상하고 집중하지 말아야 합니다. 오히려 예수님을 깊이 묵상하고 사랑해야 합니다. 영적 전쟁의 힘은 예수님을 사랑하는 데서 나오기 때문입니다. 예수님을 붙들면 마귀는 자연스럽게 물러갑니다.

요즘 내가 집중하고 묵상하고 있는 것은 무엇인지 나누어보십시오.

3. 왕은 우리의 완전한 항복과 순종을 원하신다

1 ___________의 삶

예수님은 영국이나 일본의 왕처럼 형식적인 왕이 아닙니다. 예수님은 무한한 힘과 지혜를 가지고 계시며 우리의 삶을 실제로 다스리고 순종을 요구하십니다.

최근 예수님이 내게 순종을 원하시는 부분이 있다면 무엇인지 나누어 보십시오.

---

2 이중적인 삶

우리의 입술로는 예수님을 '나의 왕'이라고 고백하지만 실제적으로는 다른 왕을 섬기는 경우가 있습니다. 내게 실제적인 영향을 행사하는 다른 왕이 있다면 무엇인지 나누어보십시오. (예. 자녀, 돈, 권력과 명예, 직장 상사, 주위 사람들의 생각 등)

---

4. 왕의 다스림을 막는 가장 큰 장애물

1 나 자신

예수님의 왕 되심을 막는 가장 큰 장애물은 우리 자신입니다. 우리 안에는 '작은 헤롯'이 되고 싶은 마음이 있기 때문입니다.
내 안에 있는 헤롯과 같은 모습은 무엇인지 나누어보십시오.

---

2 ________적 순종

우리는 주님의 뜻과 우리의 뜻이 일치하면 기꺼이 순종하지만, 반대의 경우에는 불순종하거나 무시하는 경향이 있습니다.
내 뜻과 다른 주님의 뜻에 순종했거나 혹은 불순종한 경험이 있다면 나누어보십시오.

5. 불순종이 축복을 막는다

1 축복의 비결 : 순종

하나님의 나라는 '민주주의'(democracy)가 아니라 '신정주의'(theocracy)라는 말에 어떤 마음이 드는지 나누어보십시오.

하나님의 능력과 은혜와 축복을 100퍼센트 누리는 비결은 예수님께 순종하는 것입니다.
그렇다면 나의 순종 점수는 어느 정도가 되는지 나누어보십시오.

② 종의 마음

신약성경에서 베드로, 바울, 야고보, 요한 같은 사도들은 초자연적인 기적들을 행하고 많은 열매 맺는 사역을 했습니다. 그럼에도 불구하고 자신들을 그리스도의 '둘로스'(dulos, 종)라고 고백합니다.
이 고백이 나에게는 어떤 의미로 다가오는지 나누어보십시오.

"왕이신 예수님을 향한 절대 충성이 흔들리면 인생의 모든 것이 흔들릴 것입니다. 예수님의 왕권을 부인하면 내 인생은 온갖 혼란의 파도에 휩쓸릴 것입니다. 내가 주님께 항복하면 할수록, 마귀가 비명을 지르며 물러나기 시작할 것이고, 그때부터 나는 완전한 자유와 기쁨을 누리게 될 것입니다."

6. 왕은 우리가 어둠의 권세와 싸우길 원하신다

① 믿음의 싸움

딤전 6:12

영적 전쟁은 선택사항이 아니라 필수사항입니다.
그렇다면 지금 내가 싸우고 있는 영적인 싸움은 무엇입니까?

어떻게 하면 이 싸움에서 이길 수 있는지 나누어보십시오.

2 부활의 첫 열매

그러나 이제 그리스도께서 죽은 자 가운데서 다시 살아나사 잠자는 자들의 첫 열매가 되셨도다 고전 15:20

고대 전투에서는 용맹한 장군이 선두에 서서 적의 기세를 꺾고 뒤따르는 병사들을 위한 길을 열어줍니다. 다윗이 골리앗을 물리친 것처럼, 예수님은 십자가 부활 사건으로 사탄의 진영을 무너뜨리셨습니다.
이 사실이 우리에게 주는 소망은 무엇인지 나누어보십시오.

7. 왕은 우리가 공격하길 원하신다

1 ________(The Great Commission)

18 예수께서 나아와 말씀하여 이르시되 하늘과 땅의 모든 권세를 내게 주셨으니 19 그러므로 너희는 가서 모든 민족을 제자로 삼아 아버지와 아들과 성령의 이름으로 세례를 베풀고 20 내가 너희에게 분부한 모든 것을 가르쳐 지키게 하라 볼지어다 내가 세상 끝날까지 너희와 항상 함께 있으리라 하시니라 마 28:18-20

교회는 지상명령을 받은 '그리스도의 군대'입니다. 왕이신 예수님은 그의 군대를 향하여 '가라'는 명령을 주셨습니다. 왜 예수님은 교회를 향하여 '가라'는 명령을 주셨는지 나누어보십시오.

TIP 제2차 세계 대전 때 프랑스가 구축한 '마지노선'에 대한 교훈

나는 지금 방어 프레임과 공격 프레임 중 어떤 모습으로 살고 있는지 나누어보십시오.

2 예수님의 약속 : __________

예수님은 우리가 지상명령을 수행할 때 우리와 함께하십니다. 그분이 함께하신다는 것은 그분의 능력과 보호하심이 뒤따른다는 것입니다. 이 약속이 내게 주는 힘은 무엇인지 나누어보십시오.

8. 왕은 우리가 '함께' 싸우기 원하신다

1 혼자가 아닌 팀으로

엡 6:13

'대적하고'(Stand your ground)라는 말은 고대 그리스 병사들이 한 소대씩 그룹이 되어 방패를 마주 붙이고 적의 화살을 막아내며 싸우는 모습을 의미하는 단어입니다. 그리스도의 군대 역시 믿음의 방패로 하나 되어 싸워야 합니다.
그렇다면 지금 나의 공동체 생활은 어떠한지 나누어보십시오.

② 하나 됨의 능력

"우리는 예수님의 군대입니다. 모두 하나 되어 믿음의 방패를 들고 강하게 버텨야 합니다. 영적 전쟁은 혼자 싸우는 게 아니라, 믿음의 형제자매들과 함께 싸우는 것입니다. 우리는 혼자 싸워서는 안 됩니다. 서로 기도를 요청하고 도움을 요청해야 합니다. 혼자라면 무너져도 둘씩, 셋씩 짝을 지으면 쉽게 흔들리지 않을 것입니다."

마음을 모아서 기도할 때 예수님이 임재하시고, 거룩한 기도의 진이 구축될 것입니다. 이 시간 서로의 기도 제목을 나누고 함께 중보기도를 해보십시오.

◆◆◆ 예수 이름으로 살아가기 ◆◆◆

1. 두 왕국의 충돌

한때 계명성이라고 불리며 하나님의 총애를 받던 천사장 루시퍼가 반란을 일으키고, 인간을 인질로 삼고 하나님을 대적했습니다. 그 결과 루시퍼는 영원한 심판을 받게 되었고, 예수님의 십자가와 부활을 통해서 놀라운 반전의 역사가 이루어졌습니다.

2. 우리의 왕이 원하시는 것

우리의 왕이신 예수님은 우리에게 '사랑의 계명'을 주시고, 우리의 사랑을 요구하십니다. 왜냐하면 우리가 예수님을 사랑하고 묵상할 때 영적인 전쟁에서 이길 힘과 용기를 얻으며, 왕이신 예수님께 온전히 순종하는 삶을 살 수 있기 때문입니다.

3. 우리와 함께 싸우시는 왕

우리의 왕이신 예수님은 우리가 능동적으로 영적인 전쟁에 임하길 원하십니다. 예수님은 영적 전쟁에서 선봉장과 부활의 첫 열매가 되셔서 어둠의 권세에 승리를 선언하셨습니다. 승리하신 예수님은 우리에게 지상명령을 주시며 공격 프레임을 구축하라고 말씀하십니다. 왕이신 예수님이 우리와 함께하심으로 우리는 영적 전쟁에서 승리하게 될 것입니다.

4. 내 삶에 적용하기

1) 오늘 배운 내용 중 내가 붙잡아야 할 약속이 있다면 무엇입니까?
(Promises to Claim)

2) 오늘 배운 내용 중 내가 순종해야 할 명령이 있다면 구체적인 실천 계획을 세워보십시오. (Commands to Obey)

함께 기도하기

우리가 주님을 만왕의 왕이라고 고백할 때,
죄의 권세에 종노릇 하며 살던 우리를 자유케 하셔서
하나님나라의 백성으로 삼아주신 주님의 은혜를 기억합니다.
내 인생의 모든 영역을 왕이신 주님이 다스려주시고,
내 마음과 정성을 다해 왕이신 주님을 사랑하고 섬기게 하옵소서.
왕이신 주님의 군대답게 어둠의 군대와 담대히 싸워 승리하게 하옵소서.

○ **예수 이름으로 나의 기도문 작성하기**

암송 구절과 필사

시온의 딸아 크게 기뻐할지어다 예루살렘의 딸아 즐거이 부를지어다 보라 네 왕이 네게 임하시나니 그는 공의로우시며 구원을 베푸시며 겸손하여서 나귀를 타시나니 나귀의 작은 것 곧 나귀 새끼니라 슥 9:9

정답 | 1. ②루시퍼 2. ① 계명 3. ① 순종 4. ② 선택 7. ① 지상명령 ② 함께

Jesus
Christ
Lord
The Vine
The Lamb
Immanuel
Sovereign
The Son of God
The Son of Man
Alpha and Omega
The King of Kings
The Prince of Peace
The Good Shepherd
The Word Incarnate
The Great High Priest

CHAPTER

07

만유의 주재

SOVEREIGN

CHAPTER

07 만유의 주재 SOVEREIGN

핵심 성경 구절

이는 한 아기가 우리에게 났고 한 아들을 우리에게 주신 바 되었는데 그의 어깨에는 정사를 메었고 그의 이름은 기묘자라, 모사라, 전능하신 하나님이라, 영존하시는 아버지라, 평강의 왕이라 할 것임이라 사 9:6

20 그의 능력이 그리스도 안에서 역사하사 죽은 자들 가운데서 다시 살리시고 하늘에서 자기의 오른편에 앉히사 21 모든 통치와 권세와 능력과 주권과 이 세상뿐 아니라 오는 세상에 일컫는 모든 이름 위에 뛰어나게 하시고 22 또 만물을 그의 발 아래에 복종하게 하시고 그를 만물 위에 교회의 머리로 삼으셨느니라 23 교회는 그의 몸이니 만물 안에서 만물을 충만하게 하시는 이의 충만함이니라 엡 1:20-23

추천 찬양

QR코드를 따라가시면 찬양 음원과 가사가 제공됩니다.

지존하신 주님 이름 앞에

만유의 주재

◆◆◆ 마음 문을 열면서 ◆◆◆

'만유의 주재'라는 예수님의 이름은 지금까지 살펴본 이름과는 달리 조금 익숙하지 않은 이름입니다. '주재'(Sovereign)는 다스리는 분, 통치자라는 뜻으로 예수님이 세상 모든 것을 다스리시는 절대적 통치자이심을 보여주는 이름입니다. 또한, 이사야 9장 6절에 나온 '정사'(the government)라는 이름은 예수님이 절대 정부, 가장 높은 최고의 정부를 다스리시는 분으로 묘사됩니다. 이처럼 예수님은 온 세상을 다스리시는 분이자, 교회의 머리가 되시는 분입니다. 그렇다면 '만유의 주재' 되신 예수 이름의 영적 비밀을 함께 살펴봅시다.

◆◆◆ 예수 이름의 비밀 알아가기 ◆◆◆

1. 온 우주를 창조하시고 운영하시는 분

1 온 _____의 창조

요 1:2,3

요한복음의 말씀은 천지창조의 주체와 범위를 보여주고 있습니다.(창 1:1 참고) 성경이 말하는 천지를 창조하신 분과 창조의 범위는 어디까지인지 나누어보십시오.

2 자연 vs. 피조물

진화론은 자연만물을 '자연'(nature)이라고 부르면서 스스로 발생했다고 주장합니다. 하지만 성경은 하나님이 태초에 하나하나 의도적으로 창조한 '피조물'(Creature)이라고 부릅니다. 이 말에 대한 나의 생각은 어떤지 나누어보십시오.

"영원부터 홀로 스스로 계신 분은 하나님밖에 없으시고, 다른 모든 것은 다 그분이 창조하셨습니다. 만유의 주재 예수님은 모든 것을 창조하시고 운영하시는 분입니다. 예수님이 전능하고 영원한 하나님이시라는 사실을 믿어야 우리는 그분이 이 우주 만물을 창조하고 운영하는 분이심을 이해할 수 있습니다."(사 9:6 참고)

2. 만유의 주재 예수님은 크신 하나님

1 우주의 역동성

우주는 우리가 눈으로 보는 것보다 훨씬 크고 빠르게 움직입니다. 빛은 1초에 지구를 일곱 바퀴 반을 돌고 빛의 속도로 10만 년을 달려야 겨우 은하계의 끝으로 이동할 수 있습니다. 또한, 지구는 1초당 약 460미터의 무서운 속도로 자전하면서 동시에 태양 주위를 초속 30킬로미터로 공전하고 있습니다. 이처럼 우주는 거대한 거미줄처럼 얽힌 고속도로망 같고, 그 안에서 별들과 행성들이 쉴 새 없이 쌩쌩 달리고 있습니다.
이렇게 놀라운 우주의 역동성과 질서를 볼 때 내 마음에 드는 생각은 무엇인지 나누어보십시오.

2 ______은 하나님의 광대하심을 찬양한다.

오늘날 많은 사람들이 과학과 신앙을 상반되는 것처럼 생각하려고 합니다. 하지만 16세기 초 지동설을 주장한 코페르니쿠스, 지동설을 과학적으로 검증한 요한네스 케플러, 만유인력의 법칙을 발견한 아이작 뉴턴, 세계적인 생물학자 파스퇴르는 독실한 크리스천이었습니다.
그렇다면 과학과 신앙의 관계에 대한 나의 생각은 어떠한지 나누어보십시오.

"인류 역사의 빛을 밝힌 기라성 같은 과학자들이 공통으로 도달한 결론은 하나입니다. 과학이 발전하면 할수록, 우리는 만유의 주재 창조주 하나님의 놀라움을 더욱 확인할 수 있다는 사실입니다."

3. 만유의 주재 예수님은 아주 섬세하고 세밀하신 하나님

1 DNA에 담긴 하나님의 섬세함

하나님은 크고 놀라운 일을 행하실 뿐 아니라 섬세하고 세밀한 일을 행하십니다. 인간의 몸속에 있는 유전자는 섬세하고 세밀하신 '창조주의 설계도'를 잘 보여줍니다. 이와 같은 하나님의 섬세함이 우리에게 주는 소망은 무엇인지 나누어보십시오.

TIP 인간의 몸에는 약 60조 개 정도의 세포가 있으며, 세포에는 23쌍의 염색체가 있고, 염색체에는 약 2만~2만 5천여 개의 유전자가 있습니다.

2 도킨스 vs. 콜린스

세계적인 진화생물학자인 리차드 도킨스는 "아주 작은 행운이 쌓이고 쌓이면 진화가 가능하다"라고 주장합니다. 반면에 국제 인간 게놈 프로젝트를 이끌었던 세계적인 유전학자 프랜시스 콜린스는 인간 유전자 서열을 연구하는 일은 "과학적 성취이자 하나님을 향한 숭배의 시간"이었다고 말합니다.
이처럼 과학의 최고봉에 선 두 사람이 서로 다른 입장을 주장하는 이유는 무엇입니까?

4. 이 땅 다스릴 권위를 인간에게 위임해주셨다

1 하나님의 ________

인간은 하나님의 형상으로 창조되었습니다. (창 1:26 참고) 그래서 인간의 전인격은 하나님의 성품과 속성을 그대로 이어받았습니다.
우리가 하나님의 형상으로 창조되었다는 사실이 주는 특별함은 무엇인지 나누어보십시오.

2 하나님의 사명

창 1:28

창세기 1장 28절에서 하나님이 인간에게 주신 사명은 무엇입니까?

인간이 이 사명을 잘 감당하지 못한 근본적인 이유와 그 참혹한 결과가 있다면 무엇인지 나누어보십시오.

5. 세상 모든 나라의 역사를 주관하신다

1 특별한 한 ________

이사야 9장 6절에서 예언한 "한 아들"은 그의 어깨에 "정사"를 메었다고 합니다. 이 말은 예수님에 의해서 모든 세계 열방과 문명의 흥망성쇠가 결정된다는 말입니다. 예수님이 세계 역사의 주인이라는 사실이 우리에게 주는 소망은 무엇인지 나누어보십시오.

2 하나님의 관심

잠 16:9

하나님의 역사는 '한 아들'이신 예수님이 이끌어가시고, 예수님의 관심은 '하나님의 자녀들'에게 있습니다. 만유의 주재이신 예수님은 그의 백성들을 위해서 역사의 물줄기를 조절해가십니다. 그렇다면 예수님이 내 인생의 물줄기를 어떻게 조절하고 계시는지 나누어보십시오.

③ 하나님의 다스림

만유의 주재이신 하나님은 우리의 모든 영역을 다스리십니다. 우리가 하나님의 도움을 받는 것보다 더 중요한 것은 하나님의 다스리심을 받는 것입니다.
그렇다면 내가 하나님의 다스리심을 받지 못하는 영역이 있다면 어디인지 나누어보십시오. (예: 가정, 직장)

6. 만유의 주재 예수님은 교회를 통해 세상을 바꾸신다

22 또 만물을 그의 발 아래에 복종하게 하시고 그를 만물 위에 교회의 머리로 삼으셨느니라 23 교회는 그의 몸이니 만물 안에서 만물을 충만하게 하시는 이의 충만함이니라 엡 1:22,23

① 예수님의 몸 : ___________

예수님이 교회의 머리이고, 교회가 예수님의 몸이라는 말씀이 우리에게 주는 깨달음은 무엇입니까?

나는 예수님의 몸답게 살고 있는지 만약 그렇지 않다면 그 이유는 무엇인지 나누어보십시오.

② 세상을 변화시키는 교회

그들로 우리 하나님 앞에서 나라와 제사장들을 삼으셨으니 그들이 땅에서 왕 노릇 하리로다 하더라 계 5:10

교회가 머리이신 예수님의 말씀에 온전히 순종하고, 거룩한 영향력이 나타날 때 일어나게 될 일을 상상해보십시오. 내가 삶의 변화를 위해 실천할 수 있는 계획들을 써보고 함께 나누어보십시오.

"에스겔이 본 성전에서 흘러나오는 물은 교회를 통해서 하나님이 세상으로 흘려보내시는 말씀의 능력, 성령의 능력을 의미합니다. 교회의 영적 수준은 그 시대의 운명을 결정합니다. 교회가 부흥하고, 건강하게 성장하면, 교회를 통하여 하나님의 축복이 사회 곳곳에 강물처럼 흘러 들어갑니다. 그러면 모든 병들었던 곳들이 회복되고, 더러웠던 곳들이 깨끗해지고, 죽었던 곳들이 살아나게 됩니다."

◆◆◆ 예수 이름으로 살아가기 ◆◆◆

1. 온 우주를 창조하시고 운영하시는 분

예수님은 만유의 주재(Sovereign)이십니다. 이 말은 예수님이 세상 모든 것을 다스리시는 절대적인 통치자라는 말입니다. 예수님은 교회의 머리이실 뿐 아니라 온 세상의 머리, 곧 만유의 주재가 되는 분이십니다. 왜냐하면 예수님은 온 우주를 창조하시고 운영하시는 분이시기 때문입니다.

2. 크고 섬세하고 세밀하신 하나님

만유의 주재이신 하나님은 우리의 생각보다 훨씬 크고 위대하신 분입니다. 우주에는 은하들이 최소 1천억 개가 넘도록 존재하는데 이것은 순식간에 우주를 창조하신 하나님의 크심을 보여줍니다. 동시에 인간의 몸에 있는 유전자는 하나님의 섬세하고 세밀하심을 보여줍니다. 이처럼 하나님은 역동적인 우주를 질서정연하게 창조하시고, 인간의 세포처럼 아주 작은 일도 한 치의 실수 없이 경영하시는 분입니다.

3. 교회를 통해서 세상을 변화시키는 하나님

하나님은 인간을 하나님의 형상으로 창조하시고 모든 권한과 권세를 위임하셨습니다. 교회는 이 거룩한 사명을 위해서 세워진 그리스도의 몸이자 손과 발입니다. 교회가 거룩한 영향력을 나타내게 될 때 정치, 경제, 문화, 사회의 모든 영역이 변화될 것입니다. 교회는 이 땅의 소망이고, 축복의 근원이며, 만유의 주재이신 그리스도의 꿈을 이루는 도구입니다.

4. 내 삶에 적용하기

1) 오늘 배운 내용 중 내가 붙잡아야 할 약속이 있다면 무엇입니까? (Promises to Claim)

2) 오늘 배운 내용 중 내가 순종해야 할 명령이 있다면 구체적인 실천 계획을 세워보십시오. (Commands to Obey)

함께 기도하기

만유의 주재이신 주님의 통치는
교회를 넘어 이 지구와 우주를 다 포함하는 것임을 믿습니다.
온 세상을 창조하시고 경영하시는 분, 우리 몸의 설계도를 만드신 전능자,
역사의 주관자이시면서 우리를 위해 한없이 작아지고 섬세해질 수 있는 분!
교회를 통해 세상을 바꾸길 원하시는 주님의 크고 위대하심을 찬양합니다.
만유의 주재이신 주님의 높고 위대하심을 알 때,
우리는 결코 세상의 강대함 앞에서 기죽지 않습니다.

○ 예수 이름으로 나의 기도문 작성하기

암송 구절과 필사

또 만물을 그의 발 아래에 복종하게 하시고 그를 만물 위에 교회의 머리로 삼으셨느니라 교회는 그의 몸이니 만물 안에서 만물을 충만하게 하시는 이의 충만함이니라 엡 1:22,23

정답 | 1. 1 우주 2. 2 과학 4. 1 형상 5. 1 아들 6. 1 교회

Jesus

Christ

Lord

The Vine

The Lamb

Immanuel

Sovereign

The Son of God

The Son of Man

Alpha and Omega

The King of Kings

The Prince of Peace

The Good Shepherd

The Word Incarnate

The Great High Priest

CHAPTER

08

하나님의 아들

THE SON OF GOD

CHAPTER

08 하나님의 아들 THE SON OF GOD

핵심 성경 구절

하나님이 세상을 이처럼 사랑하사 독생자를 주셨으니 이는 그를 믿는 자마다 멸망하지 않고 영생을 얻게 하려 하심이라 요 3:16

16 예수께서 세례를 받으시고 곧 물에서 올라오실새 하늘이 열리고 하나님의 성령이 비둘기 같이 내려 자기 위에 임하심을 보시더니 17 하늘로부터 소리가 있어 말씀하시되 이는 내 사랑하는 아들이요 내 기뻐하는 자라 하시니라 마 3:16,17

누구든지 예수를 하나님의 아들이라 시인하면 하나님이 그의 안에 거하시고 그도 하나님 안에 거하느니라 요일 4:15

추천 찬양

QR코드를 따라가시면 찬양 음원과 가사가 제공됩니다.

오직 예수 다른 이름은 없네

당신은 영광의 왕 당신은 평강의 왕

◆◆◆ 마음 문을 열면서 ◆◆◆

예수님은 우리와 차원이 다르신 분입니다. 신약성경은 무려 49번이나 예수님을 '하나님의 아들'로 소개하고, 예수님도 자신을 '하나님의 아들'로 소개하고 있습니다. 이처럼 예수님은 하나님의 아들이시기 때문에 아버지의 인격과 능력을 그대로 닮으신 분입니다. 그래서 예수님은 공자, 맹자, 석가모니 수준의 위대한 성현이 아니라, 인간과는 비교할 수 없는 존재이십니다. 그러므로 우리는 예수님을 위대한 인간이 아니라 하나님의 아들로 고백하고, 초자연적인 존재이심을 믿고 인정하는 진짜 신앙을 가져야 할 것입니다.

요일 4:15

◆◆◆ 예수 이름의 비밀 알아가기 ◆◆◆

1. 차원이 다르신 분

① 아버지와 __________ 이신 분

나와 아버지는 하나이니라 하신대 요 10:30

예수님은 "나와 아버지는 하나"라고 말씀하셨습니다. 예수님은 하나님의 아들로서 능력과 영광과 존귀를 동일하게 받으신 분이십니다.
그런데 왜 당시 사람들은 이 사실을 믿기가 어려웠습니까?

만약 나라면 이 사실을 어떻게 받아들였을지 나누어보십시오.

2 제자들의 오해

예수께서는 고물에서 베개를 베고 주무시더니 제자들이 깨우며 이르되 선생님이여 우리가 죽게 된 것을 돌보지 아니하시나이까 하니 막 4:38

대답하여 이르시되 너희가 먹을 것을 주라 하시니 여짜오되 우리가 가서 이백 데나리온의 떡을 사다 먹이리이까 막 6:37

제자들은 자신들의 수준에서 예수님의 말씀을 이해하고 판단했기 때문에 인간적인 수준에서 해결 방법을 찾으려고 했습니다.
예수님을 믿지 못하고 인간적인 수준과 방법으로 해결하려고 했던 일이 있다면 무엇인지 나누어보십시오.

2. 하나님의 지혜를 가지신 분

1 예수님의 가르침

예수님은 하나님의 능력과 지혜를 가지신 분이십니다. 그래서 예수님의 가르침은 당시 구약성경을 꿰뚫고 있던 랍비들과 달리 사람들을 깜짝 놀라게(astonished)할 만큼 지혜롭고 권위가 있었습니다.
누가복음 2장 41-52절을 함께 읽어보고, 예수님의 지혜가 어떠했는지에 대해서 나누어보십시오.

2 성경 : 하나님의 ________

17 하나님이 이 네 소년에게 학문을 주시고 모든 서적을 깨닫게 하시고 지혜를 주셨으니 다니엘은 또 모든 환상과 꿈을 깨달아 알더라 … 20 왕이 그들에게 모든 일을 묻는 중에 그 지혜와 총명이 온 나라 박수와 술객보다 십 배나 나은 줄을 아니라 단 1:17,20

약 1:5

성경은 예수님의 지혜가 농축된 책이자 역사상 최고의 베스트셀러입니다. 성경은 평생 읽고 또 읽어도 새로운 깨달음과 기쁨을 샘솟게 하는 하나님의 말씀입니다.
평소 나의 말씀 생활은 어떠한지 나누어보십시오.

그리고 성경 읽기를 결단해보십시오.

TIP 성경은 구약 929장(39권), 신약 260장(27권), 총 1,189장으로 구성되어 있습니다. 자신의 상황에 맞게 성경 일독 계획을 세워보십시오.

성경 읽기 결단!

나 ________________는(은) 하루에

성경 ______________ 읽기를 결단합니다!

3. 차원이 다르신 분을 의지하라

① 다른 차원의 세상

과학에서 1차원은 길이의 선을, 2차원은 넓이를 갖는 평면을, 3차원은 거기에 높이를 더한 다른 세계라고 이해합니다. 이처럼 예수님은 우리와 완전히 다른 차원을 가지신 분입니다. 이것은 노력의 문제가 아니라 다른 차원의 문제입니다.
내가 아무리 노력해도 극복할 수 없는 차원의 일을 경험한 적이 있다면 나누어보십시오.

② 홍해의 기적

이스라엘이 홍해를 건너는 사건은 오직 무한한 능력과 지혜를 가지신 하나님만이 하실 수 있는 일이었습니다. 불가능한 상황 속에서 이스라엘이 할 수 있는 일은 차원이 다르신 하나님만을 믿고 의지하는 것이었습니다.
나에게 차원이 다르신 하나님의 도우심이 필요한 영역이 있다면 무엇인지 나누어보십시오.

4. 차원이 다르신 분께 믿음의 순종을 드리라

1 베드로의 마음

깊은 데로 가서 그물을 내려 고기를 잡으라 눅 5:4

누가복음 5장에서 베드로는 밤새도록 물고기를 잡으려고 노력했지만 허탈하게 빈손으로 돌아왔습니다. 베드로는 물고기 잡는 일에 프로였지만 아무것도 하지 못했습니다. 하지만 그런 베드로에게 목수 출신의 예수님이 '깊은 데로 가서 그물을 내리라'고 말씀합니다.
만약 내가 베드로라면 이 상황에 어떤 마음이었을지 나누어보십시오.

---

2 베드로의 ____________

베드로는 자존심을 억누르고 말씀에 의지해서 그물을 내렸습니다. 그리고 그물이 찢어지도록 넘치는 고기떼를 보면서 "주여… 나는 죄인이로서이다"(눅 5:8)라고 고백합니다.
베드로의 고백을 통해서 볼 때, 느낄 수 있는 베드로 마음의 변화는 무엇입니까?

---

3 이성을 뛰어넘는 믿음

내가 아버지 안에 거하고 아버지께서 내 안에 계심을 믿으라 그렇지 못하겠거든 행하는 그 일로 말미암아 나를 믿으라 요 14:11

예수님은 베드로와 달리 빌립처럼 이성적인 사람들에게는 이해가 아닌 믿음을 요구하십니다. 왜냐하면 현대 과학을 우리가 다 이해하지 못해도 믿는 것처럼 하나님은 인간의 이성적인 한계로는 설명할 수 없는 분이기 때문입니다. 그래서 우리는 하나님을 이해하려고 하기보다는 믿고 순종해야 합니다.
그렇다면 내게 믿음이 필요한 영역이 있다면 무엇인지 나누어보십시오.

---

5. 하나님의 능력과 성품을 지니신 하나님의 아들

1 ___________의 아들

39 지나가는 자들은 자기 머리를 흔들며 예수를 모욕하여 40 이르되 성전을 헐고 사흘에 짓는 자여 네가 만일 하나님의 아들이어든 자기를 구원하고 십자가에서 내려오라 하며 마 27:39,40

예수님은 '부모 찬스'를 남용하는 세상의 아들과는 다르신 분입니다. 오히려 예수님은 아버지가 주신 힘과 권위를 절제하고 순종하시는 분입니다. 그래서 예수님은 마귀의 시험에 넘어지지 않으셨습니다. 그렇다면 예수님을 유혹한 마귀의 전략은 무엇이고, 예수님은 마귀의 유혹을 어떻게 이기셨는지 나누어보십시오. (마 4:1-11 참고)

2 아들의 성품

22 오직 성령의 열매는 사랑과 희락과 화평과 오래 참음과 자비와 양선과 충성과 23 온유와 절제니 이 같은 것을 금지할 법이 없느니라 갈 5:22,23

예수님이 완벽하고 철저한 순종을 하실 수 있었던 것은 예수님이 하나님 아버지의 성품을 가지신 분이시기 때문입니다. 이와 같은 예수님의 성품은 갈라디아서 5장에 나온 성령의 아홉 가지 열매에서 잘 보여주고 있습니다. 예수님의 성품 중 더욱 닮고 싶은 부분은 무엇입니까?

"세상에서 가장 겁나는 일이 악한 자가 힘을 가지는 것입니다. 반대로 세상에서 가장 축복된 일은 선하고 지혜로우신 분이 절대 능력을 갖추는 것입니다."

6. 우리를 죄에서 구원하러 오신 하나님의 아들

1 독생자를 주신 사랑

요 3:16

하나님 성품의 하이라이트는 사랑입니다. 하나님의 사랑은 세상의 상식을 초월한 사랑으로 십자가에서의 죽음으로 증명되었습니다. 독생자를 주신 하나님의 사랑은 우리를 향한 사랑의 무게와 가치를 보여주고 있습니다. 성경은 이것을 아가페(Agape) 사랑이라고 말합니다.
이처럼 상식을 뛰어넘는 하나님의 사랑을 생각할 때 느껴지는 마음은 무엇인지 나누어보십시오.

---

2 ____________ 측정

사랑의 무게는 그 사랑을 위해 얼마의 가치를 지불할 수 있느냐에 따라 결정됩니다. 그래서 하나님이 우리를 위해서 예수님을 내어주신 것은 우리의 가치가 예수님의 가치와 동일하다는 것을 보여주고 있는 것입니다.
내가 생각하는 자신의 가치와 성경이 말하는 가치는 어떻게 다른지 나누어보십시오.

---

7. 어둠의 권세를 멸망시키러 오신 하나님의 아들

1 예수님의 영적 권세

죄를 짓는 자는 마귀에게 속하나니 마귀는 처음부터 범죄함이라 하나님의 아들이 나타나신 것은 마귀의 일을 멸하려 하심이라 요일 3:8

예수님이 가시는 곳마다 귀신 들린 자들이 떠나가고 공포에 떨었습니다. 사탄은 잠시 이 세상의 권세를 가지고 있지만 하나님의 아들 앞에서는 아무런 힘을 쓰지 못하기 때문입니다.
이 사실을 비추어볼 때 하나님의 자녀들이 사탄과 귀신에 대해서 어떤 태도를 가져야 하는지 나누어보십시오.

2 예수님이 주신 자유

예수님이 마귀와 싸우시고, 마귀의 일을 멸하러 오신 것은 우리들을 구원하고 참된 자유를 주시기 위해서입니다. 이제 우리는 더 이상 죄와 사망, 세상의 노예가 아닙니다.
아직 해결하지 못한 연약함 혹은 죄(중독)의 영역이 있다면 무엇인지 나누어보십시오.

8. 하나님의 아들은 아버지께로 우리를 연결해준다

1 길, 진리, 생명

예수께서 이르시되 내가 곧 길이요 진리요 생명이니 나로 말미암지 않고는 아버지께로 올 자가 없느니라 요 14:6
Jesus answered, "I am the way and the truth and the life. No one

comes to the Father except through me." John 14:6, NIV

요한복음 14장 6절은 정관사 'the'를 사용하여 예수님만이 유일한 길, 유일한 진리, 유일한 생명이심을 보여줍니다. 우리는 오직 예수님을 통해서만 하나님께 나아갈 수 있고, 기도할 수 있습니다. 하지만 세상은 수많은 다른 길이 있다고 말합니다.
그렇다면 나는 오직 한 길과 다른 길이 있다는 두 가지 입장에 대해서 어떻게 생각하는지 나누어보십시오.

2 아들의 특권

요 14:13

링컨 대통령과 그의 아들 테드의 이야기에서 볼 수 있는 것처럼 아들은 아버지께로 직행할 수 있는 프리패스의 특권을 가지고 있습니다. 하나님의 아들이신 예수님의 이름은 기적의 이름이요, 능력의 이름인 것입니다.
그렇다면 아들의 특권을 이용해서 가장 먼저 기도하고 싶은 내용이 있다면 무엇인지 나누어보십시오.

◆◆◆ 예수 이름으로 살아가기 ◆◆◆

1. 우리와 차원이 다르신 예수님

예수님은 우리와 차원이 다른 하나님의 아들이십니다. 제자들은 자신들의 수준에서 예수님을 이해하고 판단하려 했지만 예수님의 기적과 지혜는 인간적인 수준을 초월하는 하나님의 지혜와 능력이라는 것을 보여줍니다.

2. 하나님의 능력과 성품을 가진 아들

예수님은 우리와 다른 차원의 세상에 존재하시는 하나님의 아들이십니다. 또한, 예수님은 아버지의 뜻에 철저하고 완벽하게 순종하시는 아들이었습니다. 십자가의 순종은 아버지와 우리를 향한 사랑을 보여주며, 성령의 아홉 가지 열매는 이러한 예수님의 완벽한 성품을 반영하는 것입니다.

3. 유일한 구원의 길이 되신 예수님

예수님은 우리를 죄에서 구원하시기 위해 자신의 생명을 내어주셨습니다. 이처럼 십자가는 우리의 가치가 예수님의 가치만큼 존귀하다는 사실을 보여줍니다. 그리고 동시에 어둠의 권세를 멸망시키고 영적인 자유를 위해 길을 열어주신 사건입니다. 우리는 길과 진리, 생명이 되신 예수님을 통해서 하나님 아버지께 나아갈 수 있는 아들의 특권을 소유하게 된 것입니다.

4. 내 삶에 적용하기

1) 오늘 배운 내용 중 내가 붙잡아야 할 약속이 있다면 무엇입니까?
(Promises to Claim)

2) 오늘 배운 내용 중 내가 순종해야 할 명령이 있다면 구체적인 실천 계획을 세워보십시오. (Commands to Obey)

함께 기도하기 & 암송 구절과 필사

함께 기도하기

주님을 하나님의 아들이라 고백할 때,
우리와 차원이 다르신 능력과 지혜의 주님을 인정합니다.
한정된 우리의 생각으로 함부로 주님을 판단하지 말고,
오직 믿음의 순종을 드려야 함을 알았습니다.
그 엄청난 능력을 절제하시며 우리를 죄로부터 구원하기 위해
인간의 모습으로 이 땅에 오신 주님의 겸손한 사랑에 감격합니다.
하나님의 아들이신 주님을 통하여 우리는 담대히
하늘 아버지께 나아갈 수 있게 되어 감사하고 또 감사합니다.

○ 예수 이름으로 나의 기도문 작성하기

암송 구절과 필사

하나님이 세상을 이처럼 사랑하사 독생자를 주셨으니 이는 그를 믿는 자마다 멸망하지 않고 영생을 얻게 하려 하심이라 요 3:16

정답 | 1. 1 하나 2. 2 지혜 4. 2 회개 5. 1 순종 6. 2 가치

JESUS
CHRIST
LORD
THE VINE
THE LAMB
IMMANUEL
SOVEREIGN
THE SON OF GOD
THE SON OF MAN
ALPHA AND OMEGA
THE KING OF KINGS
THE PRINCE OF PEACE
THE GOOD SHEPHERD
THE WORD INCARNATE
THE GREAT HIGH PRIEST

CHAPTER

09

인자

THE SON OF MAN

CHAPTER

09 인자 THE SON OF MAN

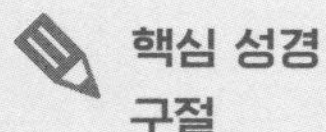

핵심 성경 구절

또 이르시되 진실로 진실로 너희에게 이르노니 하늘이 열리고 하나님의 사자들이 인자 위에 오르락 내리락 하는 것을 보리라 하시니라 요 1:51

14 자녀들은 혈과 육에 속하였으매 그도 또한 같은 모양으로 혈과 육을 함께 지니심은 죽음을 통하여 죽음의 세력을 잡은 자 곧 마귀를 멸하시며 15 또 죽기를 무서워하므로 한평생 매여 종 노릇 하는 모든 자들을 놓아 주려 하심이니 16 이는 확실히 천사들을 붙들어 주려 하심이 아니요 오직 아브라함의 자손을 붙들어 주려 하심이라 17 그러므로 그가 범사에 형제들과 같이 되심이 마땅하도다 이는 하나님의 일에 자비하고 신실한 대제사장이 되어 백성의 죄를 속량하려 하심이라 18 그가 시험을 받아 고난을 당하셨은즉 시험 받는 자들을 능히 도우실 수 있느니라 히 2:14-18

이르시되 인자가 많은 고난을 받고 장로들과 대제사장들과 서기관들에게 버린 바 되어 죽임을 당하고 제삼일에 살아나야 하리라 하시고 눅 9:22

인자가 온 것은 잃어버린 자를 찾아 구원하려 함이니라 눅 19:10

그 때에 사람들이 인자가 구름을 타고 능력과 큰 영광으로 오는 것을 보리라 눅 21:27

추천 찬양

QR코드를 따라가시면 찬양 음원과 가사가 제공됩니다.

신실하신 하나님

예수는 나의 힘이요(찬송가)

◆◆◆ 마음 문을 열면서 ◆◆◆

앞 장에서 살펴본 '하나님의 아들'이란 이름이 예수님의 신성(Divinity)을 다루었다면, '인자'라는 이름은 예수님의 인성(Humanity)을 보여줍니다. 예수님은 이 땅에 육체를 입고 오신 완전한 하나님이자 완전한 인간이셨습니다. 예수님은 하나님의 아들이시기 때문에 우리와 차원이 다른 무한한 지혜와 능력이 있습니다. 동시에 인자이시기 때문에 우리의 모든 연약함과 절망적인 상황을 아십니다. 하나님의 아들과 인자의 균형 잡힌 이해는 우리에게 초자연적인 믿음과 실제적인 믿음을 줄 것입니다.

◆◆◆ 예수 이름의 비밀 알아가기 ◆◆◆

1. 인간의 삶을 직접 사심으로 우리를 이해하신다

① 유대인들의 오해

예수님의 높은 차원을 강조하다 보면 하나님은 우리와 너무 동떨어지고 우리에게 관심이 없는 무서운 분으로 생각할 수 있습니다. 구약의 유대인들은 하나님을 이렇게 생각했기 때문에 죄의 노예가 되고, 현실의 고통 속에서도 하나님께 손을 내밀지 못했습니다.
하나님은 자신에게 손을 내밀지 못하는 유대인들을 보면서 어떤 마음이 드셨겠습니까?

내가 예수님께 손을 내밀지 못하고 있다면 왜 그런지 나누어보십시오.

2 ________의 의미

하나님은 자신에게 다가오지 못하는 인간들을 보면서 마음이 아프셨습니다. 그래서 직접 인간의 육체를 입고 오셨는데 이것을 성육신(成肉身, Incarnation)이라고 합니다. 성육신은 천지를 창조하신 하나님이 인간 수준으로 내려오신 겸손의 최고봉입니다.
성육신 되신 예수님의 모습 속에서 느껴지는 하나님의 마음은 무엇입니까?

성육신이 얼마나 큰 고통을 감내하는 것인지 우리가 감히 상상할 수는 없지만 비슷한 예가 있다면 무엇인지 찾아보십시오.

2. 예수님은 다 경험해보셨다

1 이해하시는 예수님

예수께서 함께 내려가사 나사렛에 이르러 순종하여 받드시더라 눅 2:51

예수님은 33년 동안 인간으로 사셨습니다. 화려한 왕족이나 재벌이 아닌 가난한 목수의 아들로 사셨습니다. 예수님은 우리의 모든 배고픔과 배신, 고독과 아픔을 다 겪으셨기 때문에 우리를 가장 잘 아시는 분입니다.

평소 나를 가장 잘 이해해주는 가족, 친구, 멘토가 있다면 누구입니까?

그분들과 비교해서 예수님은 얼마나 나를 더 잘 이해해주시는지 나누어보십시오.

2 ________하시는 예수님

예수님은 우리의 모든 상황과 처지를 아시는 인자이십니다. 예수님은 우리를 이해하고 공감해주십니다.
그렇다면 나는 평소에 다른 사람들을 얼마나 이해하고 공감하려고 노력했는지 나누어보십시오.

3. 우리를 도우실 수 있는 분

1 예수님의 능력

우리 주변에는 공감력이 뛰어나지만 실제적인 도움을 줄 수 없는 사람들이 종종 있습니다. 공감은 하지만 실제적으로 도울 능력이 없을 때 어떤 마음이 드는지 나누어보십시오.

예수님이 우리를 공감하시면서도 도우실 수 있는 실제적이고 초월적인 능력이 있다는 사실에서 무엇을 느끼게 되는지 나누어보십시오.

2 예수님의 겸손

5 너희 안에 이 마음을 품으라 곧 그리스도 예수의 마음이니 6 그는 근본 하나님의 본체시나 하나님과 동등됨을 취할 것으로 여기지 아니하시고 7 오히려 자기를 비워 종의 형체를 가지사 사람들과 같이 되셨고 8 사람의 모양으로 나타나사 자기를 낮추시고 죽기까지 복종하셨으니 곧 십자가에 죽으심이라 빌 2:5-8

빌립보서의 말씀 속에서 우리가 품어야 할 예수님의 마음은 무엇인지 관찰해보십시오.

또한, '자기를 비웠다'라는 말씀의 의미는 무엇인지 함께 나누어보십시오.

"인자이신 예수님은 우리의 문제를 완벽하게 이해하시고 우리의 눈물을 닦아주시면서도, 동시에 문제를 극복할 힘을 불어넣어 주시는 분임을 믿어야 합니다."

4. 인자의 십자가 죽음의 의미

① 예수님의 절대 사명 : 죄에서 구원하는 것

자녀들은 혈과 육에 속하였으매 그도 또한 같은 모양으로 혈과 육을 함께 지니심은 죽음을 통하여 죽음의 세력을 잡은 자 곧 마귀를 멸하시며 히 2:14

히브리서 말씀을 통해서 볼 때 예수님이 인간으로 오신 핵심 사명은 무엇인지 관찰해보십시오.

하나님의 성품(사랑과 공의) 측면에서 볼 때 왜 굳이 예수님이 희생제물이 되어야 했는지 나누어보십시오.

첫째, 다른 사람 대신 죗값을 치러야 하므로 희생제물 그 자신은 죄가 없어야 한다.
둘째, 죽음으로 죗값을 치러야 하므로 희생제물은 죽을 수 있는 완전한 인간이어야 한다.

예수님은 완전한 희생제물의 자격을 갖추기 위해서 인간이 되셨습니다. 예수님이 여자의 후손(창 3:15)으로 오신 이유는 마귀의 일을 멸하러 오시기 위함입니다. 은혜란 죄를 그냥 눈 감아주는 것이 아니라 십자가의 죗값을 치르는 대속(atonement)의 과정을 밟는 것이기 때문입니다.

TIP 대속이란 '남의 죄를 대신하여 벌을 받고 값을 치른다, 속죄한다'는 뜻

고후 5:17

우리가 새로운 피조물이 되었다는 고린도후서 말씀을 보면서 어떤 마음이 생깁니까?

내가 새로운 피조물 답게 살지 못하는 부분이 있다면 무엇인지 나누어 보십시오.

2 __________의 공포에서 벗어남

또 죽기를 무서워하므로 한평생 매여 종 노릇 하는 모든 자들을 놓아 주려 하심이니 히 2:15

우리에게 가장 큰 두려움은 무엇입니까?

내가 평소에 가장 두려워하는 일이 있다면 무엇인지 나누어보십시오.

3 예수님의 승리와 영광

우리가 죽음의 권세를 이길 수 있는 것은 죽음 이후에 영원한 하나님나라가 있기 때문입니다. 예수님이 죽음을 이기고 부활하셨듯이 우리는 장차 부활의 영광을 누리게 될 것입니다.

요 11:25,26

부활의 승리와 하나님나라의 영광을 묵상할 때 생기는 담대함과 확신은 무엇인지 나누어보십시오.

4 인자의 의미

그 때에 사람들이 인자가 구름을 타고 능력과 큰 영광으로 오는 것을 보리라 눅 21:27

왜 성경은 영광 가운데 오실 예수님을 '하나님의 아들'(신성)로 표현하지 않고 '인자'(인성)라고 표현했습니까?

인자이신 예수님을 믿는 것이 왜 중요한지 나누어보십시오.

17 그러므로 그가 범사에 형제들과 같이 되심이 마땅하도다 이는 하나님의 일에 자비하고 신실한 대제사장이 되어 백성의 죄를 속량하려 하심이라 18 그가 시험을 받아 고난을 당하셨은즉 시험 받는 자들을 능히 도우실 수 있느니라 히 2:17,18

인자이신 예수님은 우리를 위해서 시험과 고난을 받으시고, 우리의 문제를 해결해주시는 대제사장으로 오셨습니다.

"그는 완전한 인간이시면서 완전한 하나님이셨기에 우리를 이해하실 뿐 아니라 우리를 도우실 수 있습니다."

지금 내 삶에 예수님이 도와주셔야 할 기도 제목이 무엇인지 기록하고 함께 나누어보기를 바랍니다.

5. 하늘과 땅의 연결통로이신 인자

1 야곱의 사닥다리

창세기 28장에서 야곱은 하늘과 땅을 잇는 사닥다리의 환상을 봅니다.
이 사닥다리는 하늘로부터 내려온 은혜와 축복의 사닥다리입니다.
사닥다리가 하늘로부터 내려왔다는 것이 의미하는 것은 무엇입니까?

2 하늘과 땅을 잇는 사닥다리

또 이르시되 진실로 진실로 너희에게 이르노니 하늘이 열리고 하나님의 사자들이 인자 위에 오르락 내리락 하는 것을 보리라 하시니라 요 1:51

요한복음은 야곱의 사닥다리의 의미에 대해서 잘 보여주고 있습니다. 인자가 하늘과 땅을 잇는 사닥다리가 된다는 사실에서 발견할 수 있는 은혜와 축복은 무엇인지 나누어보십시오.

너희가 내 이름으로 무엇을 구하든지 내가 행하리니 이는 아버지로 하여금 아들로 말미암아 영광을 받으시게 하려 함이라 요 14:13

6. 가장 낮고 천한 자를 구원하러 오신 사랑의 추적자

눅 19:10

① 사랑의 ______________

예수님은 끈질긴 사랑의 추적자이십니다. 세리장 삭개오를 찾아가신 예수님의 모습 속에서 한 영혼을 향한 열정을 볼 수 있습니다.
예수님의 끈질긴 사랑과 한 영혼을 향한 열정이 내게 주는 감동과 비전은 무엇인지 나누어보십시오.

2 예수님의 겸손과 사랑

인자로 오신 예수님은 이해할 수 없는 겸손과 사랑을 보여주십니다. 가장 낮고 천한 자까지도 차별하지 않고 포기하지 않습니다.
예수님의 사랑과 겸손에 대한 감사의 고백을 함께 나누어보십시오.

◆◆◆ 예수 이름으로 살아가기 ◆◆◆

1. 인자, 우리를 이해하시는 하나님

하나님의 아들이라는 이름이 신성을 강조한다면, 인자라는 이름은 예수님의 인성을 보여줍니다. 하나님은 우리와 함께하시고, 가까이 계시기 위해서 '인자'로 오셨습니다. 하나님이 직접 인간이 되신 사건이 성육신입니다. 예수님은 친히 인간이 되셔서 우리의 모든 삶을 경험하셨기 때문에 우리를 가장 잘 이해하시는 하나님이십니다.

2. 우리를 도우시는 인자

인자이신 예수님은 우리의 모든 연약함을 아십니다. 인간의 배고픔, 고통, 배신, 고독과 아픔을 다 경험하셨기 때문에 최고의 공감대를 형성하십니다. 동시에 우리에게 실제적인 도움을 주실 수 있는 초월적인 능력을 갖추고 계십니다. 공감도 중요하지만 도울 능력이 없다면 허무함에 빠지게 될 것입니다. 하지만 예수님은 우리를 공감하시고, 우리를 도우실 능력이 있으신 분입니다.

3. 하늘과 땅을 연결하는 사랑의 통로

인자이신 예수님은 하늘로부터 오신 은혜와 축복의 사닥다리입니다. 야곱이 본 사닥다리 환상은 하늘로부터 오신 인자를 보여주는 것입니다. 이처럼 인자는 하늘로부터 오신 사랑의 추적자이십니다. 그래서 우리는 인자이신 예수님 안에서 위로와 소망을 얻고, 실제적인 도움을 얻게 될 것입니다.

4. 내 삶에 적용하기

1) 오늘 배운 내용 중 내가 붙잡아야 할 약속이 있다면 무엇입니까?
(Promises to Claim)

2) 오늘 배운 내용 중 내가 순종해야 할 명령이 있다면 구체적인 실천 계획을 세워보십시오. (Commands to Obey)

함께 기도하기 & 암송 구절과 필사

함께 기도하기

인자이신 예수님을 고백할 때, 우리의 모든 연약함을
직접 체험하여 이해하시는 겸손한 주님,
그러면서도 하나님의 능력으로
우리를 도우실 수 있는 주님이심을 믿습니다.
가장 낮고 보잘것없는 우리를 구원하시려
이 땅에 오신 사랑의 추적자, 인자이신 예수님을 영원히 사랑합니다.

○ 예수 이름으로 나의 기도문 작성하기

암송 구절과 필사

또 이르시되 진실로 진실로 너희에게 이르노니 하늘이 열리고 하나님의 사자들이 인자 위에 오르락 내리락 하는 것을 보리라 하시니라 요 1:51

정답 | **1.** 2 성육신 **2.** 2 공감 **4.** 2 죽음 **6.** 1 추적자

Jesus
Christ
Lord
The Vine
The Lamb
Immanuel
Sovereign
The Son of God
The Son of Man
Alpha and Omega
The King of Kings
The Prince of Peace
The Good Shepherd
The Word Incarnate
The Great High Priest

CHAPTER

10

알파와 오메가

ALPHA AND OMEGA

CHAPTER

10 알파와 오메가 ALPHA AND OMEGA

핵심 성경 구절

12 보라 내가 속히 오리니 내가 줄 상이 내게 있어 각 사람에게 그가 행한 대로 갚아 주리라 13 나는 알파와 오메가요 처음과 마지막이요 시작과 마침이라 계 22:12,13

이스라엘의 왕인 여호와, 이스라엘의 구원자인 만군의 여호와가 이같이 말하노라 나는 처음이요 나는 마지막이라 나 외에 다른 신이 없느니라 사 44:6

추천 찬양

QR코드를 따라가시면 찬양 음원과 가사가 제공됩니다.

위대하신 주

하나님은 너를 만드신 분

◆◆◆ 마음 문을 열면서 ◆◆◆

알파(A)와 오메가(Ω)는 헬라어 알파벳의 첫 글자와 마지막 글자입니다. 한글로 치면 'ㄱ'에서 'ㅎ'까지를 의미하는 것으로 하나에서 열까지 모든 것을 말하는 것입니다. 인간이 이룩한 모든 지식 문명은 모두 예수님의 지식 안에 있습니다. 과학, 역사, 교육, 의학, 음악, 미술 등의 모든 영역이 다 예수님의 지혜 안에 있습니다. 심지어 인간이 극복하지 못한 불치병, 난치병, 우주의 신비도 예수님의 지식에 비하면 아무것도 아닙니다. 그래서 우리는 알파와 오메가 되신 예수님 앞에서 겸손할 수밖에 없습니다. 그렇다면 알파와 오메가 되신 예수님의 비밀에 대해서 깊이 있게 알아보겠습니다.

◆◆◆ 예수 이름의 비밀 알아가기 ◆◆◆

1. 완전체로서의 알파와 오메가

1 완전체이신 하나님

사 44:6

주님은 알파와 오메가, 처음이요 마지막이 되시는 분이십니다. 이 말은 주님 외에 다른 어떤 신도 있을 수 없다는 의미입니다. 이처럼 예수님이 처음과 마지막이 되신다는 것의 의미는 무엇인지 나누어보십시오.

세상의 모든 신들과 우상들이 거짓인 이유는 무엇입니까? 우상들은 누구를 통해서, 무엇을 위해서 만들어졌는지 나누어보십시오.

2 두 가지 의견

세상에는 두 가지 의견이 있습니다. 하나는 예수님의 의견이고, 또 하나는 틀린 의견입니다. 알파와 오메가이신 예수님은 완전하시고 절대로 틀림이 없으신 분입니다.

평소에 하나님의 말씀과 내 생각이 다를 때 어떻게 해결하는지 나누어보십시오.

---

③ 모든 문제의 ______________

복음서를 보면 예수님은 당시 사람들이 어려워하던 모든 문제에 마침표를 찍어주십니다. (오병이어 사건, 간음한 여인에 대한 문제 등)
우리는 결정과 결론을 내리지 못할 때가 많지만 예수님은 언제나 완벽하고 옳은 결정을 하시는 분입니다.
그렇다면 내 삶에 결정을 내리지 못해서 망설이는 문제가 있다면 무엇인지 나누어보십시오.

---

2. 예수님은 시간의 주인이시다

태초에 하나님이 천지를 창조하시니라 창 1:1

주 하나님이 이르시되 나는 알파와 오메가라 이제도 있고 전에도 있었고 장차 올 자요 전능한 자라 하시더라 계 1:8

① 시간의 ______________

시간의 주관자이신 예수님은 우리의 과거, 현재, 미래를 모두 아우르시는 분입니다. 하나님은 마치 소설을 쓰고 있는 작가처럼 초월적인 시간에 계시는 분입니다. 그래서 하나님은 우리의 모든 시간, 모든 세계를 초월하여 보고 계십니다. 이러한 하나님의 시간이 우리에게 주는 영적 의미와 사명은 무엇인지 나누어보십시오.

② 시간의 소유주

시간의 소유주이신 예수님은 우리에게 시간을 선물로 주셨습니다. 시간은 하나님이 주신 소중한 선물이기 때문에 우리는 그 시간을 소중하게 사용해야 합니다.
지금 나는 시간을 어떻게 사용하고 있는지, 내 시간의 우선순위는 어디에 있는지 나누어보십시오.

"오늘 하루가 예수님이 주신 소중한 선물임을 알아 우리는 예수님의 뜻대로 귀하게 살아야 한다. 우리는 언젠가 시간의 주인이신 그분 앞에 우리가 써버린 시간에 책임을 져야 할 것이다."

3. 예수님은 모든 것의 시작이 되심

계 22:13

1 무에서 유를 ________ 하신 예수님

비행기가 이륙할 때 엄청난 양의 기름을 쓰듯이 무엇이든 처음 시작이 가장 힘들다고 합니다. 예수님도 이 세상을 창조하실 때 놀라운 지혜와 법칙으로 세상을 만드셨습니다. 예수님이 만드신 이 세상을 바라볼 때 깨닫게 되는 예수님의 능력은 무엇인지 나누어보십시오.

2 창조의 목적

무엇이든 목적 없이 존재하지 않습니다. 하나님이 천지 만물과 인간을 만드시고, 이 세상의 질서를 만드신 것도 목적이 있습니다. 그것은 하나님께 영광을 돌리며, 이웃을 사랑하고 섬기는 하나님의 나라를 세우는 것입니다.

이 목적에 비추어볼 때 지금 우리가 사는 세상은 어떠한지 나누어보십시오

4. 창조의 목적으로 돌아가라

1 처음 ________ 을 회복하라

4 그러나 너를 책망할 것이 있나니 너의 처음 사랑을 버렸느니라 5 그러므로 어디서 떨어졌는지를 생각하고 회개하여 처음 행위를 가지라 만일

그리하지 아니하고 회개하지 아니하면 내가 네게 가서 네 촛대를 그 자리에서 옮기리라 계 2:4,5

예수님은 요한계시록에서 에베소교회를 향해서 '처음 사랑을 회복하라'고 말씀하셨습니다. 왜냐하면 교회가 타락하면서 영적인 순수함과 꿈을 잃어버렸기 때문입니다.
내가 회복해야 할 처음 사랑과 하나님이 주신 꿈이 있다면 무엇인지 나누어보십시오.

"볼품없는 우리의 인생도 알파와 오메가이신 예수님을 만나면 새롭게 시작할 수 있습니다."

② 하나님의 큰 ________

네 시작은 미약하였으나 네 나중은 심히 창대하리라 욥 8:7

알파와 오메가이신 예수님은 우리가 태어나기 전부터 우리의 모든 것을 아시고, 모든 삶의 과정에서 함께하십니다. 주님은 우리가 모르는 큰 그림을 보고 계시기 때문에 아무리 볼품없는 인생일지라도 빛나는 별이 될 수 있습니다.
하나님의 큰 그림 속에서 볼 때 나는 어떤 모습이라고 생각되는지 나누어보십시오.

5. 예수님은 모든 것의 마지막 되심

① 끝까지 __________ 하라

'야구는 9회 말 2아웃부터'라는 말과 '끝날 때까지 끝난 게 아니다'라는 말처럼 믿음의 경주도 완주할 때까지 끝난 것이 아닙니다. 그래서 예수님은 서머나교회에게 "네가 죽도록 충성하라"(계 2:10)고 말씀하셨습니다. 내가 힘들어서 중간에 포기했지만, 다시 시작해보고 싶은 것이 있다면 나누어보십시오.

② 믿음의 선한 싸움

딤후 4:7,8

바울은 디모데에게 '선한 싸움'을 싸우고 '나의 달려갈 길을 마쳤다'(I have finished the race)라고 말합니다. 바울이 어떻게 선한 싸움을 싸웠는지 나누어보십시오. (고후 11:16-33 참고)

바울은 의의 면류관을 위해서 믿음의 경주를 완주했습니다. 내가 바울과 같이 선한 싸움을 싸우고, 믿음의 경주를 완주하기 위해서는 무엇이 필요한지 나누어보십시오.

----

6. 알파에서 오메가로 향하는 그 중간

1 중간 ____________의 어려움

너희 안에서 착한 일을 시작하신 이가 그리스도 예수의 날까지 이루실 줄을 우리는 확신하노라 빌 1:6

장거리 경주에서 가장 힘든 구간은 처음과 끝이 아닌 중간 과정이라고 합니다. 너무 힘들어서 중간에 포기하고 싶은 일이 있다면 무엇입니까?

하나님의 은혜와 도우심이 필요한 영역을 함께 나누어보십시오.

----

2 40년의 광야 훈련

이스라엘 백성의 40년 광야 생활은 출발선과 결승선만 중요한 것이 아니라, 중간 과정도 중요하다는 것을 보여줍니다. 광야의 시간은 옛 사람이 부서지고, 거룩의 중요성을 배우고, 필요를 채워주시는 하나님의 축복을 경험하는 시간이었습니다.
내가 광야를 통해서 배운 특별한 은혜가 있다면 무엇인지 나누어보십시오.

"알파와 오메가이신 주님은 하나님의 백성들이 40년 광야의 중간 과정을 인내할 수 있도록 도우셨습니다. 그 시간은 그냥 죽은 시간이 아닙니다. 주님은 이스라엘 백성들이 마음이 겸손해지고, 영적인 교훈을 배워 지혜로워지고, 영성이 강해지도록, 그래서 고통을 낭비하지 않도록 인도하셨습니다."

3 하나님의 도우심을 기대하라

사방이 막혀서 길이 보이지 않고, 답답하고 지루한 광야가 지속되고 있다면 하나님이 열어주실 기적과 같은 돌파구를 기대해보십시오. 알파와 오메가의 주님께서 도와주시길 원하는 기도의 제목이 있다면 응답의 축복을 믿고 기록해보십시오.

● 나의 기도노트 ●

	기도제목	기도 시작 날짜	응답 날짜
1			
2			
3			
4			
5			

◆◆◆ 예수 이름으로 살아가기 ◆◆◆

1. 알파와 오메가가 되신 주님

세상의 모든 신들과 우상은 거짓 신들에 불과하지만 알파와 오메가이신 예수님은 처음과 마지막이 되시는 완전체이십니다. 주님은 완전하고 절대로 틀림없으신 분이며, 모든 문제의 마침표를 찍어주시는 분입니다. 알파와 오메가가 되신 주님은 시간의 주관자로서 우리의 과거, 현재, 미래를 모두 초월하시며, 시간의 소유주로서 우리에게 시간을 선물로 주시고 시간에 대한 책임을 물으시는 분입니다.

2. 모든 것의 시작이 되신 주님

예수님은 이 세상을 놀라운 지혜와 법칙으로 창조하셨습니다. 무엇이든 목적이 있는 것처럼 주님은 이 세상을 아름답고 거룩하게 만드셨습니다. 창조의 목적은 하나님께 영광을 돌리며, 이웃을 사랑하고 섬기는 하나님의 나라를 세우는 것입니다. 그러므로 우리는 창조의 목적대로 서로 사랑하고 섬기며 살아가야 할 것입니다.

3. 모든 것의 마지막이 되신 주님

끝날 때까지 결말이 난 것이 아닙니다. 그래서 우리는 끝날 때까지 믿음의 선한 싸움을 싸우며, 끝까지 충성하는 삶을 살아야 합니다. 믿음의 경주를 완주하기 위해서는 가장 힘든 중간 과정의 지루함과 답답함을 이겨내야 할 것입니다. 알파와 오메가가 되신 주님께서 우리의 모든 시작과 중간 과정, 마지막까지 함께할 것입니다. 그러므로 고통을 낭비하지 말고 끝까지 승리하시길 바랍니다.

4. 내 삶에 적용하기

1) 오늘 배운 내용 중 내가 붙잡아야 할 약속이 있다면 무엇입니까?
(Promises to Claim)

2) 오늘 배운 내용 중 내가 순종해야 할 명령이 있다면 구체적인 실천 계획을 세워보십시오. (Commands to Obey)

함께 기도하기 & 암송 구절과 필사

함께 기도하기

알파와 오메가이신 주님은 완전하신 하나님이십니다.
모든 논쟁과 고민의 끝이 되시는 주님으로 인하여 이제 더는 고민하지 않습니다.
알파와 오메가이신 주님은 역사의 시작과 끝이 되시는 시간의 주인이십니다.
모든 상황 속에서 우리와 끝까지 동행하실 주님이 계셔서 든든합니다.

○ **예수 이름으로 나의 기도문 작성하기**

암송 구절과 필사

보라 내가 속히 오리니 내가 줄 상이 내게 있어 각 사람에게 그가 행한 대로 갚아 주리라 나는 알파와 오메가요 처음과 마지막이요 시작과 마침이라

계 22:12,13

정답 | 1. ③ 마침표 2. ① 주관자 3. ① 창조 4. ① 사랑 ② 그림 5. ① 충성 6. ① 과정

Jesus
Christ
Lord
The Vine
The Lamb
Immanuel
Sovereign
The Son of God
The Son of Man
Alpha and Omega
The King of Kings
The Prince of Peace
The Good Shepherd
The Word Incarnate
The Great High Priest

CHAPTER

11

성육신 되신 말씀

THE WORD INCARNATE

CHAPTER

11 성육신 되신 말씀 THE WORD INCARNATE

핵심 성경 구절

1 태초에 말씀이 계시니라 이 말씀이 하나님과 함께 계셨으니 이 말씀은 곧 하나님이시니라 14 말씀이 육신이 되어 우리 가운데 거하시매 우리가 그의 영광을 보니 아버지의 독생자의 영광이요 은혜와 진리가 충만하더라 요 1:1,14

1 옛적에 선지자들을 통하여 여러 부분과 여러 모양으로 우리 조상들에게 말씀하신 하나님이 2 이 모든 날 마지막에는 아들을 통하여 우리에게 말씀하셨으니 이 아들을 만유의 상속자로 세우시고 또 그로 말미암아 모든 세계를 지으셨느니라 히 1:1, 2

추천 찬양

QR코드를 따라가시면 찬양 음원과 가사가 제공됩니다.

주님 당신은 사랑의 빛

예수님이 말씀하시니

◆◆◆ 마음 문을 열면서 ◆◆◆

예수님이 가장 사랑하셨던 제자 사도 요한은 예수님을 '말씀이 육체를 입으신 분'이라고 강조했습니다. 그 이유는 당시 교회에 엄청난 혼란과 분열을 가져온 영지주의(Gnosticism)의 거짓된 가르침 때문입니다. 열두 제자들 중 가장 오래 살았던 사도 요한은 이 문제를 정리하기 위해서 요한서신(요한복음, 요한일,이,삼서, 요한계시록)을 기록하면서 예수님의 성육신을 강조한 것입니다. 이처럼 예수님의 성육신은 교회의 영적인 중심을 잡아주는 기둥과 같은 진리입니다. 그렇다면 말씀이 성육신 되셨다는 것의 의미가 무엇인지 함께 살펴봅시다.

TIP 영지주의의 가르침은 육은 악하고 영은 선하다는 이원론적 세계관, 예수님의 성육신 부인, 신비한 영적 비밀 주장, 20세기 말 뉴에이지(New Age) 운동의 모체가 됨

◆◆◆ 예수 이름의 비밀 알아가기 ◆◆◆

1. 태초부터 말씀으로 존재하신 분

① 인격체이신 말씀

태초에 말씀이 계시니라 이 말씀이 하나님과 함께 계셨으니 이 말씀은 곧 하나님이시니라 요 1:1

예수님은 태초부터 말씀으로 존재하신 분입니다. 이 말씀은 단순한 메시지가 아닌 인격체입니다. 말씀은 하나님의 능력과 인품, 생각과 존재 그 자체를 의미합니다. 따라서 우리는 말씀을 통해서 하나님과 교제할 수 있습니다. 내가 경험한 인격적인 말씀, 인생 말씀이 있다면 무엇인지 나누어보십시오.

② 하나님의 임재

하나님의 말씀은 단순한 지식 콘텐츠가 아니라 하나님의 임재입니다. 그래서 말씀을 읽거나 들을 때 주님의 실체를 느끼고, 인격적인 교제를 누리게 됩니다. 예수님의 말씀이 우리에게 임할 때 우리의 삶이 변화될 것입니다. 내가 하나님의 임재를 경험하고 변화된 부분이 있다면 무엇인지 나누어보십시오.

③ ________________ 이단

초대교회 당시 무서운 이단 중 하나였던 아리우스(Arius)는 예수님을 하나님이 아닌 하나의 피조물에 불과하다고 주장했습니다. 성자 예수님은 하나님보다 열등한 존재이고, 영원하지도 않다고 주장했습니다. (여호와의 증인의 핵심 교리) 이와 비슷하게 19세기 독일 자유주의 신학자들도 예수님을 위대한 도덕적 스승에 불과한 인간이라고 주장합니다.
이러한 주장과 성경의 진리는 어떻게 다른지 나누어보십시오.

2. 만물의 창조주

① 확실한 증거

요 1:2,3

예수님은 태초에 하나님과 함께 계셨고, 만물이 그로 말미암아 창조되었습니다. 온 세상에 예수님의 손길이 다 배어 있는 것입니다. 예수님은 역사 자체이시며, 역사의 문을 여신 분입니다.
내가 생각하는 예수님에 대한 확실한 증거가 있다면 무엇인지 나누어보십시오.

2 나를 잘 아시는 분

창조주 예수님은 우리를 만드신 분이시기에 우리에 대해서 가장 잘 아시는 분입니다. 시간과 역사의 주관자이신 예수님은 우리의 인생을 가장 잘 아시는 분입니다.
그렇다면 나를 향한 예수님의 계획과 생각은 무엇이라고 생각되는지 나누어보십시오.

3. 성육신 되신 말씀이 우리와 함께하심

요 1:14

1 성육신 되신 ________의 능력

예수님은 하나님 말씀이 인간의 육체를 입으신 분입니다. 하나님은 이론을 통해서 만나는 분이 아니시기 때문에 예수님을 통해서 인격적으로 체험할 수 있습니다. 또한, 예수님을 통해서 영원한 생명을 얻게 됩니다.
이처럼 예수님을 만나면 메마른 뼈와 같은 죽은 자들이 영혼의 생기를 얻게 될 것입니다.
말씀을 통해 메마른 나의 심령이 생기를 얻고 회복된 경험이 있다면 나누어보십시오.

② 들은 바요, 만진 바요, 본 바라

태초부터 있는 생명의 말씀에 관하여는 우리가 들은 바요 눈으로 본 바요 자세히 보고 우리의 손으로 만진 바라 요일 1:1

요한과 제자들을 비롯한 예수님 당시의 사람들은 예수님의 말씀을 실제적으로 보고, 듣고, 만져보았습니다. 믿음은 이론이 아니라 실체이며 체험인 것입니다. 따라서 우리가 말씀을 읽을 때 살아 계신 하나님을 만나게 될 것입니다.
그런데 왜 예수님 당시와 오늘날 많은 사람들이 예수님을 믿지 못합니까?

③ 우리 가운데 거하신 예수님

요한복음 1장 14절에서 '우리 가운데 거하셨다'라는 말씀이 나옵니다. '거하셨다'(dwelt)라는 말은 '성막을 치고 거했다'(tabernacled)라는 의미입니다. 광야에서 이스라엘 백성들이 성막을 중심으로 살아간 것처럼 우리의 삶도 하나님의 말씀이 있는 성막이 중심이 되어야 합니다.
지금 내 삶의 중심은 무엇인지 나누어보십시오.

4. 우리 안에서 역사하시는 말씀

1 __________하게 변화함

그들을 진리로 거룩하게 하옵소서 아버지의 말씀은 진리니이다 요 17:17

요일 2:5

예수님의 말씀이 우리 안에 거할 때 우리는 세상과 구별되는 거룩한 삶을 살게 됩니다. 말씀이 우리 안에 있으면 죄를 이길 힘이 생기고, 죄를 멀리하게 됩니다. 또한, 말씀은 우리의 지성과 감정, 언어와 습관을 모두 변화시킵니다.
내가 말씀의 능력으로 변화되고 싶은 부분이 있다면 무엇인지 나누어보십시오.

"말씀이 성육신 되신 예수님은 우리 안에 계시면서 우리를 통해 생각하시고, 움직이시고, 계속해서 말씀하십니다. 구원받은 자와 예수님 사이에는 깊은 교제가 있고, 영적 커뮤니케이션이 항상 살아 있습니다."

2 예수님을 따라 살아감

그의 안에 산다고 하는 자는 그가 행하시는 대로 자기도 행할지니라

요일 2:6

하나님의 자녀 된 우리 안에는 예수님의 말씀이 살아 역사하기 때문에 자기도 모르게 예수님처럼 살게 됩니다. 말씀이 우리의 인생에 개입하고 다스리기 때문입니다. 아래의 점수표에 지금 말씀이 내 삶에 얼마나 개입하고 있는지 점수를 체크해보세요.

1점 ---------- 5점 ---------- 10점

어떻게 하면 점수를 더 올릴 수 있는지 나누어보십시오.

구약에서 여호수아의 시대는 하나님의 다스리심을 받았기 때문에 승리와 기적의 드라마를 썼습니다. 하지만 여호수아의 죽음 이후에 찾아온 사사 시대는 하나님의 다스리심, 즉 말씀을 멀리하였기 때문에 폭력과 음란, 우상숭배가 가득한 영적 무법천지가 되었습니다.
이를 볼 때 하나님의 말씀과 영적 리더가 얼마나 중요한지 각자의 의견을 나누어보십시오.

주의 말씀은 내 발에 등이요 내 길에 빛이니이다 시 119:105

"하나님의 말씀은 우리 인생의 방향이요, 우리가 따라가야 할 리더십입니다. 그렇기 때문에 우리는 끊임없이 말씀을 묵상해야 하고, 말씀을 기준으로 인생을 조정해가야 합니다."

5. 영적 전쟁에서 승리케 하는 말씀

① 영적 전쟁의 최후 ______________

또 그가 피 뿌린 옷을 입었으니 그 이름은 하나님의 말씀이라 칭하더라

계 19:13

요한계시록 19장 13절에 나오는 "피 뿌린 옷"의 피는 십자가의 보혈이 아니라 어둠의 권세를 무찌르고 묻히신 적들의 피입니다. 예수님은 성령의 검, 곧 말씀의 검으로 마귀와 세상 권세를 멸망시키셨습니다.(엡 6장 참고) 주님의 신부이자 주님의 군대 된 교회는 마지막 때가 가까울수록 말씀으로 충만하여 어둠의 권세와 싸워야 할 것입니다. 말씀의 검은 사용하면 할수록 예리하고 강력해질 것입니다.
그렇다면 지금 나의 말씀의 검은 어떤 상태인지 함께 나누어보십시오.

② 사탄이 두려워하는 성도

요 17:14

하나님의 자녀들은 세상의 영광과 물질이 아닌 하나님의 말씀을 통해 생명과 힘을 공급받습니다. 말씀은 하나님이 주신 특권인 동시에 마귀의 공격 대상이 됩니다. 사탄은 하나님의 말씀으로 충만한 교회를 두려워하기 때문에 성도가 말씀으로 충만해지지 못하게 하는 것입니다.
그렇다면 이번 훈련을 통해서 내 말씀 생활이 어떻게 변화되고 있는지

나누어보십시오. (성경 읽기 결단이 어떻게 진행되고 있습니까?)

"영어 철자로는 공교롭게도 딱 한 자 다르지만 '말씀'(WORD)과 '세상'(WORLD)은 상반 관계입니다. 교회가 말씀으로 충만하면 할수록 더 영적이 되고, 말씀을 멀리하면 할수록 더 세상적이 됩니다."

6. 말씀은 하나님의 맞춤형 선물

1 ______________으로 주신 말씀

말씀은 단순한 정보가 아니라 예수님의 임재 그 자체입니다. 하나님은 말씀을 통해서 우리 인생의 고비마다 꼭 필요한 하나님의 능력과 축복을 주십니다.
내 필요를 아시는 주님께서 내게 맞춤형으로 주신 말씀 때문에 큰 위로와 사랑을 경험한 적이 있다면 나누어보십시오.

"어떤 절망적인 상황 가운데서도 말씀을 주시면 우리는 말씀을 붙잡고 다시 살아날 수 있습니다. 말씀이 성육신 되신 주님이 역사하시기 때문입니다."

렘 29:11

내가 죽지 않고 살아서 여호와께서 하시는 일을 선포하리로다 시 118:17

② 나의 인생 말씀과 비전

말씀이 성육신 되신 예수님께서 마음에 평안과 담대함, 그리고 영적 파워를 주실 것입니다.
하나님이 내게 주신 인생 말씀을 써보고, 그 말씀을 토대로 내 인생의 비전 선언문을 작성해보십시오.

◇ 나의 인생 말씀

◇ 비전 선언문

◆◆◆ 예수 이름으로 살아가기 ◆◆◆

1. 태초부터 말씀으로 존재하신 분

예수님은 태초부터 말씀으로 존재하신 분입니다. 말씀은 단순한 메시지가 아닌 하나님의 능력과 인품, 생각과 존재 그 자체입니다. 그래서 우리는 말씀이신 예수님을 통해 하나님의 임재를 경험할 수 있습니다. 또한, 예수님은 우리를 가장 잘 아시는 분이고, 우리 인생에 대한 계획과 목적을 가지고 계신 분입니다.

2. 우리와 함께하시는 생명의 말씀

말씀이신 예수님은 인간의 육체를 입고 오신 분입니다. 아리우스 이단의 거짓된 주장처럼 하나의 피조물이나, 성부 하나님보다 열등한 존재가 아닙니다. 또한, 위대한 도덕 교사도 아닙니다. 예수님은 우리 가운데 거하시며 삶의 중심이 되는 하나님의 말씀입니다. 그래서 예수님의 말씀이 우리 안에 거할 때 우리는 거룩하게 변화되고, 예수님처럼 살게 될 것입니다.

3. 영적 전쟁에서 승리케 하는 말씀

예수님은 영적 전쟁의 최후 승리자이십니다. 예수님은 십자가에서 보혈을 흘리심으로 우리를 구원하셨고, 성령의 검, 곧 말씀의 검으로 적들을 물리치셨습니다. 그래서 사탄은 성도가 하나님의 말씀으로 충만해지는 것을 두려워합니다. 그러므로 예수님은 성도들을 더욱 말씀으로 무장시키고, 맞춤형 말씀으로 큰 위로와 사랑을 주십니다.

4. 내 삶에 적용하기

1) 오늘 배운 내용 중 내가 붙잡아야 할 약속이 있다면 무엇입니까? (Promises to Claim)

2) 오늘 배운 내용 중 내가 순종해야 할 명령이 있다면 구체적인 실천 계획을 세워보십시오. (Commands to Obey)

함께 기도하기 & 암송 구절과 필사

함께 기도하기

말씀이 육체를 입으신 예수님을 고백할 때,
예수님이 태초부터 계셨던 창조주 하나님이심을 믿습니다.
그 말씀이 성육신하여 우리와 함께 계셨고,
지금도 우리 안에서 살아 역사하시는 줄 믿습니다.
말씀이신 주님이 우리를 영적 전쟁에서 승리케 하십니다.
우리 각자에게 때에 맞는 말씀의 은혜로 우리를 살리시니
감사하고 또 감사합니다.

○ **예수 이름으로 나의 기도문 작성하기**

암송 구절과 필사

태초에 말씀이 계시니라 이 말씀이 하나님과 함께 계셨으니 이 말씀은 곧 하나님이시니라 말씀이 육신이 되어 우리 가운데 거하시매 우리가 그의 영광을 보니 아버지의 독생자의 영광이요 은혜와 진리가 충만하더라 요 1:1,14

정답 | 1. ③ 아리우스 3. ① 말씀 4. ① 거룩 5. ① 승리자 6. ① 맞춤형

Jesus
Christ
Lord
The Vine
The Lamb
Immanuel
Sovereign
The Son of God
The Son of Man
Alpha and Omega
The King of Kings
The Prince of Peace
The Good Shepherd
The Word Incarnate
The Great High Priest

CHAPTER

12

평강의 왕

THE PRINCE OF PEACE

CHAPTER

12 평강의 왕 THE PRINCE OF PEACE

핵심 성경 구절

이는 한 아기가 우리에게 났고 한 아들을 우리에게 주신 바 되었는데 그의 어깨에는 정사를 메었고 그의 이름은 기묘자라, 모사라, 전능하신 하나님이라, 영존하시는 아버지라, 평강의 왕이라 할 것임이라 사 9:6

25 내가 아직 너희와 함께 있어서 이 말을 너희에게 하였거니와 26 보혜사 곧 아버지께서 내 이름으로 보내실 성령 그가 너희에게 모든 것을 가르치고 내가 너희에게 말한 모든 것을 생각나게 하리라 27 평안을 너희에게 끼치노니 곧 나의 평안을 너희에게 주노라 내가 너희에게 주는 것은 세상이 주는 것과 같지 아니하니라 너희는 마음에 근심하지도 말고 두려워하지도 말라 요 14:25-27

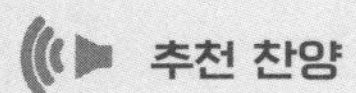

추천 찬양

QR코드를 따라가시면 찬양 음원과 가사가 제공됩니다.

평강의 왕이요

주는 평화

◆◆◆ 마음 문을 열면서 ◆◆◆

세상을 장악하고 있는 어둠의 권세는 전쟁의 영입니다. 그래서 인류의 역사는 전쟁의 역사로 점철되고 있습니다. 오늘날에도 전쟁의 양상이 바뀌었을 뿐 지속되고 있음을 볼 수 있습니다. 그렇기에 사람들은 평화를 갈망하며, 이를 이루기 위해 나름대로의 노력을 합니다. 더 많이 배우고, 더 많이 소통하면 전쟁을 끝낼 수 있을 것이라고 생각합니다. 하지만 이러한 방법은 겉모양새만 바꾸는 것이지 문제의 뿌리를 해결하지는 못합니다. 그렇다면 전쟁을 없애고 진정한 평화를 위해서 필요한 것은 무엇인지 살펴봅시다.

◆◆◆ 예수 이름의 비밀 알아가기 ◆◆◆

1. 전쟁은 마음에서 시작된다

1 전쟁의 원인 : ________

너희 중에 싸움이 어디로부터 다툼이 어디로부터 나느냐 너희 지체 중에서 싸우는 정욕으로부터 나는 것이 아니냐 약 4:1

성경은 모든 전쟁의 원인이 인간의 마음에서 비롯된다고 합니다. 인간의 이기적이고 뒤틀린 욕망, 곧 자기중심적인 생각들이 모여서 전쟁을 일으키는 것입니다.
내 마음속에서 일어나는 전쟁과 같은 상황이 있다면 나누어보십시오.

2 진정한 평화

세상에도 전쟁 문제를 해결하기 위한 여러 단체들이 있습니다. UN과 같은 국제 기구는 세상이 만든 평화의 도구 중 하나입니다. 하지만 세상이 주는 평화와 노력들로는 진정한 마음의 평화를 얻을 수 없습니다.

요 14:27

요한복음 말씀을 통해 진정한 평화는 어떻게 얻을 수 있는지 나누어보십시오.

2. 하나님과 화목해야 하나님의 평화를 가질 수 있다.

1 완전한 평화 : 샬롬(שָׁלוֹם)

히브리어 '샬롬'은 하나님의 백성만이 누릴 수 있는 영적인 축복과 만족, 회복의 은혜를 말합니다. 태초에 에덴동산에는 하나님의 샬롬이 가득했습니다. 하지만 죄가 샬롬을 깨뜨리고 원망과 책임 전가, 다툼과 전쟁을 일으켰습니다.
나는 지금 하나님이 주시는 샬롬의 은혜를 얼마나 누리고 있는지 나누어보십시오.

"샬롬은 하나님의 축복, 하나님의 동행하심, 삶의 구석구석 골고루 임하는 하나님의 임재를 의미합니다."

2 평화의 도시 : 예루살렘

예루살렘은 '샬롬의 도시' 곧 평화의 도시라는 뜻입니다. 하지만 역사 속에서 예루살렘은 끊임없는 전쟁과 약탈 때문에 고통을 당했습니다. 예루살렘이 평화를 잃어버린 이유는 하나님과의 관계가 깨어졌기 때문입니다.
요즘 나의 상황을 미루어볼 때 나와 하나님과의 관계는 어떠하다고 생각하는지 나누어보십시오.

---

3 십자가의 ________

13 이제는 전에 멀리 있던 너희가 그리스도 예수 안에서 그리스도의 피로 가까워졌느니라 14 그는 우리의 화평이신지라 둘로 하나를 만드사 원수 된 것 곧 중간에 막힌 담을 자기 육체로 허시고 엡 2:13,14

하나님과 화목하지 못한 인간은 끊임없이 전쟁과 같은 삶을 살게 됩니다. 하나님은 이 문제를 해결하기 위해서 예수 그리스도를 화목제물로 보내주셨습니다. 우리는 예수 그리스도의 십자가를 통해서 하나님과 화목하고 사람들과 화평하게 되었습니다. 예배는 바로 이 은혜와 화목을 누리는 시간입니다.
그렇다면 나의 예배 생활은 어떠한지 나누어보십시오.

"죄인이란 자기 자신을 하나님으로 만들었기 때문에 하나님과 전쟁 상태에 있는 사람입니다."

3. 하나님의 평화를 누리기 위해

그리스도의 평강이 너희 마음을 주장하게 하라 골 3:15

그리스도의 평강이 우리의 마음을 다스린다는 것은 우리 삶의 조종간을 평강의 왕이신 예수님께 내어드린다는 것입니다. 사탄은 우리가 마음의 평강을 누리지 못하도록 계속해서 방해할 것입니다. 그렇다면 어떻게 주님의 평화를 누릴 수 있습니까?

첫째, __________해야 한다.

빌 4:6,7

수영을 배울 때 먼저 자기의 힘을 빼는 법을 배우는 것처럼 마음의 불안과 염려를 이기려면 하나님께 온전히 나를 맡겨야 합니다. 기도는 우리 마음과 생각을 지켜주고 평안하게 합니다.

둘째, __________으로 충만해야 한다.

내 거룩한 산 모든 곳에서 해 됨도 없고 상함도 없을 것이니 이는 물이 바다를 덮음같이 여호와를 아는 지식이 세상에 충만할 것임이니라 사 11:9

여호와를 아는 지식이 충만할 때 하나님을 거역하는 잘못된 신앙과 사상들이 완전히 압도될 것입니다. 그 때가 되면 다툼과 전쟁이 없는 완전한 평화의 시대가 열릴 것입니다. 말씀이 우리를 직접적으로 다스릴 때 완전한 화평을 이루고, 세상의 영이 우리 마음을 장악하지 못할 것입니다. 그러므로 말씀을 듣고 읽고 묵상하기에 힘써야 합니다.

셋째, ________을 제거해야 한다.

대하 14:7

하나님의 평안을 누리려면 내 안의 우상을 제거해야 합니다. 역대하 14장 1-8절의 말씀을 보면 아사 왕은 철저하고 과감하게 우상을 제거하였습니다. 심지어 자신을 키워준 할머니를 폐위시키면서까지 우상숭배를 척결하였습니다. 그 결과 아사 왕의 통치 10년 동안 전쟁이 없는 평화를 누렸습니다.
그렇다면 내 안에 제거해야 할 우상이 있다면 무엇인지 나누어보십시오

4. 기드온의 여호와 살롬 예배

1 왕이 없는 시대

사사 시대에 이스라엘은 왕이 없어서 각자 자기 소견대로 행하던 시대였습니다. 또한, 사사 시대는 불순종과 우상숭배로 인해서 도덕적으로 타락하고, 전쟁과 각종 질병, 재앙이 끊임없는 시대였습니다. 뿐만 아니라 미디안이라는 무서운 부족의 침략이 있었습니다. 기드온은 이런 시대에 살았습니다. 사사 시대의 모습과 오늘 우리가 살아가는 세상을 비교할 때 어떠한지 나누어보십시오.

2 살롬의 예배

기드온이 여호와를 위하여 거기서 제단을 쌓고 그것을 여호와 살롬이라 하였더라 삿 6:24

여호와 살롬(평강의 하나님)이라는 말은 사사 기드온이 선포한 말입니다. 기드온은 살롬의 축복을 회복하기 위해서 내부적으로는 바알과 아세라 우상을 제거하고, 외부적으로는 적들과 전쟁을 시작합니다.
여기서 배울 수 있는 예배 회복의 영적 의미는 무엇인지 나누어보십시오.

---

3 살롬을 위한 영적 전쟁

살롬의 예배는 인생의 폭풍 속에서 평화를 누릴 수 있는 비결입니다. 역설적으로 진정한 영적 평강은 영적 전쟁을 통해서 얻어지는 것입니다. 마치 예수님이 마귀의 세력과 싸워서 이기셨기에 진정한 평화가 찾아온 것과 같습니다.
내가 싸워야 할 영적 전쟁은 무엇인지 나누어보십시오.

---

5. 평강의 왕을 전쟁 같은 우리 현실 속으로 초대하라

1 평강의 왕 예수

눅 2:14

평강은 환경이 만들어주는 것이 아니라 평강의 왕이 임하시면서 주시는 것입니다. 이 땅의 모든 왕들은 전쟁의 왕들입니다. 세상의 왕들이 남의 피를 흘려서 평안을 찾았다면, 만왕의 왕이신 예수님은 자신의 피로 평안을 이루셨습니다.
누군가의 희생이나 자신의 희생을 통해서 평안을 누려본 경험이 있다면 나누어보십시오.

....

....

....

② ___________ 속의 평강

그리스도인은 주변 상황 때문에 평강한 것이 아니라 주님 때문에 평강한 것입니다. 그래서 우리가 어려움을 만날 때 평강의 왕을 우리의 현실로 초대해야 합니다. 내 인생의 구렁텅이와 폭풍 속으로 평강의 주님을 초대하면 주님은 우리를 변화시켜주시고, 믿음과 인격을 성숙시켜주실 것입니다.
폭풍 속에서 평강의 주님을 만난 경험이 있다면 나누어보십시오.

....

....

....

◆◆◆ 예수 이름으로 살아가기 ◆◆◆

1. 전쟁과 평화

모든 전쟁의 원인은 우리 마음에서 비롯됩니다. 인간의 마음은 죄성으로 물들여져 이기적이고 뒤틀린 자기중심적인 생각들로 가득 차 있기 때문입니다. 그래서 아무리 세상의 방법과 단체들을 활용해도 전쟁의 문제를 해결할 수 없습니다. 진정한 평화는 하나님 안에서 누릴 수 있는 것입니다.

2. 하나님의 평화

하나님이 주신 살롬의 평화는 하나님의 백성만이 누릴 수 있는 영적인 축복과 만족, 회복의 은혜입니다. 하지만 인간의 죄는 살롬의 평화를 무너뜨렸습니다. 그래서 하나님은 예수 그리스도를 화목제물로 내어주셨고, 그 결과 십자가에서 하나님과 사람 사이의 화목이 일어나게 되었습니다. 우리는 하나님이 주신 평화를 누리기 위해서 인간적인 힘을 빼고 기도하며, 말씀으로 다스리심을 받아야 합니다.

3. 살롬의 예배

기드온은 영적으로 혼란스러운 사사 시대에 '여호와 살롬'의 예배를 드렸습니다. 불순종과 우상숭배로 인해서 타락한 시대를 변화시킨 것은 살롬의 예배였습니다. 살롬의 예배는 우상을 제거하고, 영적 전쟁을 통한 승리를 경험하게 합니다. 역설적으로 진정한 평화는 어둠의 권세와 죄를 무너뜨리는 전쟁을 통해서 이루어지기 때문입니다.

4. 내 삶에 적용하기

1) 오늘 배운 내용 중 내가 붙잡아야 할 약속이 있다면 무엇입니까? (Promises to Claim)

2) 오늘 배운 내용 중 내가 순종해야 할 명령이 있다면 구체적인 실천 계획을 세워보십시오. (Commands to Obey)

함께 기도하기 & 암송 구절과 필사

함께 기도하기

평강의 왕이신 예수님이
전쟁으로 물든 우리의 역사를 치유하시는
유일한 구원자이심을 믿습니다.
우리의 죄로 인하여 우리는 하나님과 원수가 되었고
서로 간에 원수가 되었는데 주님의 십자가 죽음으로
하나님과도, 사람과도 화목하게 되었습니다.
우리 안의 우상을 제거하고 영적 전쟁에 승리함으로써
하나님의 살롬을 누리게 인도하옵소서.
전쟁 같은 우리 삶의 현실 속으로
평강의 주님께서 임하여주시옵소서.

○ **예수 이름으로 나의 기도문 작성하기**

암송 구절과 필사

이는 한 아기가 우리에게 났고 한 아들을 우리에게 주신 바 되었는데 그의 어깨에는 정사를 메었고 그의 이름은 기묘자라, 모사라, 전능하신 하나님이라, 영존하시는 아버지라, 평강의 왕이라 할 것임이라 사 9:6

정답 | 1. ①마음 2. ③화목 3. 첫째, 기도 / 둘째, 말씀 / 셋째, 우상 5. ②폭풍

Jesus
Christ
Lord
The Vine
The Lamb
Immanuel
Sovereign
The Son of God
The Son of Man
Alpha and Omega
The King of Kings
The Prince of Peace
The Good Shepherd
The Word Incarnate

The Great High Priest

CHAPTER

13

위대한 대제사장

THE GREAT HIGH PRIEST

CHAPTER

13 위대한 대제사장 THE GREAT HIGH PRIEST

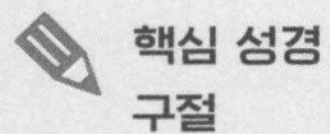

핵심 성경 구절

14 그러므로 우리에게 큰 대제사장이 계시니 승천하신 이 곧 하나님의 아들 예수시라 우리가 믿는 도리를 굳게 잡을지어다 15 우리에게 있는 대제사장은 우리의 연약함을 동정하지 못하실 이가 아니요 모든 일에 우리와 똑같이 시험을 받으신 이로되 죄는 없으시니라 16 그러므로 우리는 긍휼하심을 받고 때를 따라 돕는 은혜를 얻기 위하여 은혜의 보좌 앞에 담대히 나아갈 것이니라 히 4:14-16

1 대제사장마다 사람 가운데서 택한 자이므로 하나님께 속한 일에 사람을 위하여 예물과 속죄하는 제사를 드리게 하나니 2 그가 무식하고 미혹된 자를 능히 용납할 수 있는 것은 자기도 연약에 휩싸여 있음이라 3 그러므로 백성을 위하여 속죄제를 드림과 같이 또한 자신을 위하여도 드리는 것이 마땅하니라 4 이 존귀는 아무도 스스로 취하지 못하고 오직 아론과 같이 하나님의 부르심을 받은 자라야 할 것이니라 5 또한 이와 같이 그리스도께서 대제사장 되심도 스스로 영광을 취하심이 아니요 오직 말씀하신 이가 그에게 이르시되 너는 내 아들이니 내가 오늘 너를 낳았다 하셨고 6 또한 이와 같이 다른 데서 말씀하시되 네가 영원히 멜기세덱의 반차를 따르는 제사장이라 하셨으니 7 그는 육체에 계실 때에 자기를 죽음에서 능히 구원하실 이에게 심한 통곡과 눈물로 간구와 소원을 올렸고 그의 경건하심으로 말미암아 들으심을 얻었느니라 8 그가 아들이시면서도 받으신 고난으로 순종함을 배워서 9 온전하게 되셨은즉 자기에게 순종하는 모든 자에게 영원한 구원의 근원이 되시고 10 하나님께 멜기세덱의 반차를 따른 대제사장이라 칭하심을 받으셨느니라 히 5:1-10

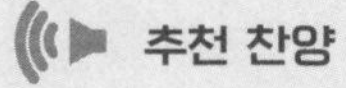

추천 찬양

QR코드를 따라가시면 찬양 음원과 가사가 제공됩니다.

보좌에 앉으소서 주여

예수는 나의 힘이요

◆◆◆ 마음 문을 열면서 ◆◆◆

히브리서는 A.D. 64년경, 로마 황제 네로의 박해 시절에 쓰인 책입니다. 이 박해로 인해서 초대 교회의 큰 지도자였던 베드로와 바울, 그리고 수많은 그리스도인이 처참하게 죽어갔습니다. 이러한 상황에서 히브리서 기자는 고난 가운데 있는 성도들이 믿음의 선한 싸움을 싸우도록 격려하기 위해서 히브리서를 기록했습니다. 또한, 이제 막 복음을 듣고 개종한 자들이 박해로 인해서 다시 유대교로 돌아가려는 것을 막고자 했습니다. 왜냐하면 당시 로마 정부는 기독교는 핍박했지만, 유대교는 공식 승인을 받은 상태였기 때문입니다. 그래서 이런저런 이유로 많은 형제가 유대교로 다시 돌아가려고 했습니다. 이러한 힘든 상황에서 히브리서 기자는 예수 그리스도가 제사와 율법을 완성하신 대제사장이심을 강조하고 있는 것입니다. 그렇다면 대제사장이신 예수 그리스도의 이름에 담긴 영적 비밀을 함께 살펴봅시다.

◆◆◆ 예수 이름의 비밀 알아가기 ◆◆◆

1. 구약의 대제사장은 어떤 존재였는가?

① 대제사장 : ＿＿＿＿＿＿

히 5:1-3

구약의 예배에는 하나님과 사람 사이에 중재자 역할을 하는 제사장이 필요했습니다. 제사장은 백성을 대표해서 하나님 앞에 나아가 죄 용서를 구하는 중보 사역을 했습니다. 특히 대제사장은 매년 대속죄일(7월 10일)에

지성소로 들어가 백성들의 모든 죄를 속죄하는 사역을 했습니다. 왜 구약에서 대제사장은 중재자의 역할을 감당해야 했는지 생각해보십시오.

2 대제사장의 자격

첫째, 사람 가운데 택한 자

하나님은 천사를 중재자로 세우지 않고 죄 많은 인간 중에서 대제사장을 세웠습니다. 왜냐하면 사람만이 사람의 사정을 잘 알 수 있기 때문입니다. 그래서 대제사장은 군림하는 존재가 아니라 중보하며 섬기는 자입니다. 이 사실이 우리에게 주는 위로는 무엇인지 나누어보십시오.

둘째, 하나님의 ______________

이 존귀는 아무도 스스로 취하지 못하고 오직 아론과 같이 하나님의 부르심을 받은 자라야 할 것이니라 히 5:4

대제사장이 존귀한 이유는 하나님이 입혀주시는 영적 권위가 있기 때문입니다. 제사장은 자신의 의지와 실력으로 되는 것이 아니라 전적인 하나님의 주권과 선택으로 세워집니다.
이를 볼 때 하나님이 세우신 영적 지도자들에 대한 올바른 태도는 무엇인지 나누어보십시오.

3 큰 대제사장 : 예수 그리스도

히 4:14

히브리서 4장 14절은 예수님을 우리의 큰 대제사장이자 승천하신 하나님의 아들이라고 소개합니다.
이 말씀을 비추어볼 때 예수님과 구약의 대제사장들은 어떤 공통점과 차이점이 있는지 나누어보십시오.

2. 멜기세덱의 반차를 따른 대제사장

하나님께 멜기세덱의 반차를 따른 대제사장이라 칭하심을 받으셨느니라

히 5:10

1 ____________ 왕 멜기세덱

구약시대의 대제사장은 레위의 반차를 따랐지만, 예수님은 멜기세덱의 반차를 따랐다고 말씀합니다. 멜기세덱은 부모도 없고 족보도 없는 신비한 제사장으로 예수 그리스도를 예표하는 분입니다.

히브리서 7장 1-3절에서 멜기세덱을 어떻게 소개하고 있는지 함께 찾아 보십시오.

TIP 살렘 왕이란 히브리어로 살롬, 곧 평강의 왕을 의미합니다.

2 ____________을 축복한 멜기세덱

창세기 14장에서 믿음의 조상 아브라함은 전쟁에서 승리하고 돌아올 때 살렘 왕 멜기세덱에게 십일조를 드리며 경배합니다. 이때 멜기세덱은 아브라함을 축복하고, 떡과 포도주를 주며 새로운 힘을 불어넣어 줍니다. 이러한 멜기세덱의 모습 속에서 볼 수 있는 예수님의 모습은 무엇인지 나누어보십시오.

3 버팀목이 되신 예수

히 6:19,20

멜기세덱의 반차를 따르시는 예수님은 우리의 삶을 지탱하는 영혼의 버팀목이 되어주십니다. 아무리 힘들고 어려운 상황에도 버팀목이 되시는 예수님만 꽉 붙들고 있으면 소망이 있습니다.

내가 버팀목이신 예수님을 붙잡고 폭풍 속을 무사히 통과한 경험이 있다면 나누어보십시오.

"대제사장 예수 그리스도께서는 우리의 삶이 흔들리지 않도록 우리의 버팀목이 되어주십니다."

3. 위대한 대제사장 예수 그리스도께서 하시는 일

우리에게 있는 대제사장은 우리의 연약함을 동정하지 못하실 이가 아니요 모든 일에 우리와 똑같이 시험을 받으신 이로되 죄는 없으시니라

히 4:15

예수님은 모든 언약을 완성하기 위해서 오신 우리의 대제사장이십니다. 우리는 예수 그리스도를 통해서 하나님의 보좌 앞에 담대히 나아갈 수 있게 되었습니다. 히브리서는 이 사실을 인식하며 살자고 권면하는 것입니다. 그렇다면 위대한 대제사장이신 예수님께서 우리를 위해서 행하신 일을 살펴보길 원합니다.

첫째, ____________ 을 이기도록 도와주신다.

예수님은 이 땅에서 인간의 육체를 입고 사시면서 우리의 모든 아픔을 다 겪어보셨습니다. 그래서 주님은 우리의 연약함을 모두 아시고 우리의 아픔에 공감해주십니다.
내가 공감받고 싶은 연약한 부분이 있다면 나누어보십시오.

예수님은 우리의 아픔을 공감하실 뿐 아니라 우리에게 승리를 주시는 분입니다. '우리의 연약함을 동정하신다'라는 말씀은 우리를 잘 이해할 뿐 아니라 약함 너머의 승리로 이끌어주신다는 것을 담고 있습니다. 이처럼 예수님은 우리에게 힐링과 승리를 동시에 주시는 분입니다.

예수님 안에서 아픔을 이겨낸 경험이 있다면 나누어보십시오.

예수님은 성령에 이끌리셔서 광야에서 40일 동안 마귀에게 시험을 받으셨습니다. 성령님은 예수님이 시험을 받으실 때 함께하시고 돌파할 힘을 주셨습니다. 영적인 시험은 꼭 우리의 잘못 때문에 받는 것이 아니라 영적 승리를 경험하기 위한 시간입니다.

지금 내가 받는 영적 시험이 있다면 무엇인지 나누어보십시오.

예수님은 기도와 말씀으로 모든 시험을 이기셨습니다. 주님이 기도와 말씀으로 시험을 이기셨다면 우리는 더욱 기도하고 말씀을 붙잡아야 할 것입니다.

이번 훈련 과정 동안에 나의 기도 생활과 말씀 생활에 어떤 변화가 있었는지 나누어보십시오.

"기도의 자리는 결코 외로운 자리가 아닙니다. 그 자리는 은혜의 보좌로 나가는 자리입니다. 우리를 기다리시는 대제사장이신 주님이 우리를 만나주시는 자리이며, 우리를 위해 준비하신 은혜를 한량없이 공급해주시는 축복의 자리입니다."

둘째, 때를 따라 돕는 ______________ 를 주신다.

그러므로 우리는 긍휼하심을 받고 때를 따라(in our time of need) 돕는 은혜를 얻기 위하여 은혜의 보좌 앞에 담대히 나아갈 것이니라

히 4:16

히브리서 4장 16절의 말씀처럼 하나님은 "때를 따라 돕는 은혜"를 베풀어주시는 분입니다. 여기서 때를 따라 돕는 은혜란 무엇인지 나누어보십시오.

우리가 때를 따라 돕는 은혜를 얻기 위해서는 은혜의 보좌 앞에 나아가야 합니다. 그런데 히브리서 기자는 왜 "담대히" 나아가라고 했는지 나누어보십시오.

TIP 구약에서 은혜의 보좌란 지성소 안에 있는 법궤를 덮고 있는 시은좌를 의미합니다. 지성소는 대제사장들이 대속죄일에 속죄 제사를 드린 후 일 년에 단 한 번 들어갈 수 있는 지극히 거룩한 곳이었습니다.

셋째, 우리를 위해 ______________ 하신다.

그러므로 자기를 힘입어 하나님께 나아가는 자들을 온전히 구원하실 수 있으니 이는 그가 항상 살아 계셔서 그들을 위하여 간구하심이라 히 7:25

대제사장의 사명은 백성과 하나님 사이를 중보하는 것입니다. 대제사장이신 예수님은 겟세마네에서 우리를 위해서 "심한 통곡과 눈물로" 중보기도를 해주셨습니다.
예수님의 겟세마네 기도를 묵상할 때 어떤 마음이 드는지 나누어보십시오.

구약의 대제사장은 하나님 앞에 나올 때 항상 가슴에 흉배를 차고 나왔습니다. 그 흉배는 이스라엘 열두 지파를 상징하는 보석들이 박혀 있었습니다. 대제사장이 열두 지파의 이름을 가슴에 품고 중보기도한 것처럼 예수님은 하늘 보좌 앞에서 우리의 이름을 부르며 중보기도하실 것입니다. 대제사장이자 중보자 되신 예수님께 맡기고 싶은 기도 제목이 있다면 나누어보십시오.

대제사장 되신 예수님이 우리를 위해서 중보기도를 해주셨다면 이제 우리도 중보자의 사명을 감당해야 할 것입니다.
성령님께서 우리 마음에 주시는 중보기도 대상자들이 있다면 지금 이 시간 함께 마음을 모아서 기도해보십시오.

◆◆◆ 예수 이름으로 살아가기 ◆◆◆

1. 구약의 대제사장

구약의 대제사장은 하나님과 사람 사이에 중재자 역할을 감당했습니다. 이러한 대제사장은 오직 아론의 자손 중에서 부르심을 받은 사람만이 할 수 있는 특별한 직분이었습니다. 대제사장은 하나님이 그의 전적인 주권으로 부르시고 영적 권위를 부어주셨기 때문에 이스라엘에서 가장 존귀한 자였습니다.

2. 멜기세덱의 반차를 따른 대제사장

구약의 대제사장과 달리 예수님은 위대한 큰 대제사장이십니다. 그는 아론의 반차가 아닌 멜기세덱의 반차를 따르신 분입니다. 멜기세덱은 구약에서 예수님을 미리 보여주는 신비한 존재인데, 예수님은 멜기세덱의 반차를 따른 우리의 큰 대제사장이십니다.

3. 위대한 대제사장 예수 그리스도가 행하신 일

우리는 대제사장이신 예수님 안에서 힐링과 승리를 동시에 경험할 수 있습니다. 예수님이 말씀과 기도로 모든 시험을 이기신 것처럼 성도는 말씀과 기도로 무장할 때 승리하게 될 것입니다. 대제사장이신 예수님이 지금도 우리를 위해서 중보기도하시기 때문에 성도는 힘과 용기를 얻고, 동시에 중보기도의 사명을 감당하며 살아야 할 것입니다.

4. 내 삶에 적용하기

1) 오늘 배운 내용 중 내가 붙잡아야 할 약속이 있다면 무엇입니까? (Promises to Claim)

2) 오늘 배운 내용 중 내가 순종해야 할 명령이 있다면 구체적인 실천 계획을 세워보십시오. (Commands to Obey)

함께 기도하기

우리의 위대한 대제사장 되신 주님을 부를 때,
모든 제사와 율법이 주님을 통해 완성됨에 감사드립니다.
멜기세덱의 반차를 따르는 대제사장 예수 그리스도께서
우리 삶의 흔들리지 않는 버팀목이 되어주심을 믿습니다.
모든 시험에서 우리를 지키시고, 때에 따라 돕는 은혜를 주시며,
지금도 우리를 위하여 중보하시는 예수님으로 인하여
오늘도 우리가 승리하며 살고 있음을 믿습니다.

○ **예수 이름으로 나의 기도문 작성하기**

암송 구절과 필사

우리에게 있는 대제사장은 우리의 연약함을 동정하지 못하실 이가 아니요 모든 일에 우리와 똑같이 시험을 받으신 이로되 죄는 없으시니라 그러므로 우리는 긍휼하심을 받고 때를 따라 돕는 은혜를 얻기 위하여 은혜의 보좌 앞에 담대히 나아갈 것이니라 히 4:15,16

정답 | 1. [1] 중재자 [2] 둘째, 부르심 2. [1] 살렘 [2] 아브라함 3. 첫째, 시험 / 둘째, 은혜 / 셋째, 중보기도

Jesus
Christ
Lord
The Vine
The Lamb
Immanuel
Sovereign
The Son of God
The Son of Man
Alpha and Omega
The King of Kings
The Prince of Peace
The Good Shepherd
The Word Incarnate
The Great High Priest

CHAPTER

14

포도나무

THE VINE

CHAPTER

14 포도나무 THE VINE

핵심 성경 구절

1 나는 참포도나무요 내 아버지는 농부라 2 무릇 내게 붙어 있어 열매를 맺지 아니하는 가지는 아버지께서 그것을 제거해 버리시고 무릇 열매를 맺는 가지는 더 열매를 맺게 하려 하여 그것을 깨끗하게 하시느니라 3 너희는 내가 일러준 말로 이미 깨끗하여졌으니 4 내 안에 거하라 나도 너희 안에 거하리라 가지가 포도나무에 붙어 있지 아니하면 스스로 열매를 맺을 수 없음 같이 너희도 내 안에 있지 아니하면 그러하리라 5 나는 포도나무요 너희는 가지라 그가 내 안에, 내가 그 안에 거하면 사람이 열매를 많이 맺나니 나를 떠나서는 너희가 아무 것도 할 수 없음이라 6 사람이 내 안에 거하지 아니하면 가지처럼 밖에 버려져 마르나니 사람들이 그것을 모아다가 불에 던져 사르느니라 7 너희가 내 안에 거하고 내 말이 너희 안에 거하면 무엇이든지 원하는 대로 구하라 그리하면 이루리라 8 너희가 열매를 많이 맺으면 내 아버지께서 영광을 받으실 것이요 너희는 내 제자가 되리라 9 아버지께서 나를 사랑하신 것 같이 나도 너희를 사랑하였으니 나의 사랑 안에 거하라 10 내가 아버지의 계명을 지켜 그의 사랑 안에 거하는 것 같이 너희도 내 계명을 지키면 내 사랑 안에 거하리라 11 내가 이것을 너희에게 이름은 내 기쁨이 너희 안에 있어 너희 기쁨을 충만하게 하려 함이라 12 내 계명은 곧 내가 너희를 사랑한 것 같이 너희도 서로 사랑하라 하는 이것이니라 13 사람이 친구를 위하여 자기 목숨을 버리면 이보다 더 큰 사랑이 없나니 14 너희는 내가 명하는 대로 행하면 곧 나의 친구라 15 이제부터는 너희를 종이라 하지 아니하리니 종은 주인이 하는 것을 알지 못함이라 너희를 친구라 하였노니 내가 내 아버지께 들은 것을 다 너희에게 알게 하였음이라 16 너희가 나를 택한 것이 아니요 내가 너희를 택하여 세웠나니 이는 너희로 가서 열매를 맺게 하고 또 너희 열매가 항상 있게 하여 내 이름으로 아버지께 무엇을 구하든지 다 받게 하려 함이라 요 15:1-16

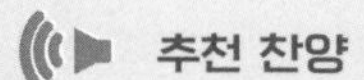

QR코드를 따라가시면 찬양 음원과 가사가 제공됩니다.

예수는 참 포도나무

내 안에 사는 이

◆◆◆ 마음 문을 열면서 ◆◆◆

나는 참포도나무요 내 아버지는 농부라 요 15:1

예수님은 자신을 "참포도나무"라고 비유하셨습니다. 십자가 죽음을 앞두신 예수님은 겟세마네 동산으로 가시면서 제자들에게 이 비유를 주셨습니다. 구약에서 포도나무는 이스라엘을 상징하는 대표적인 식물이었습니다. 하지만 하나님의 기대와 달리 이스라엘은 불량한 포도나무가 되기 일쑤였습니다. 그래서 농부이신 하나님은 예수님을 이 땅의 참포도나무로 심으셔서 새 이스라엘의 모범을 보여주셨습니다. 하나님이 '농부'이시고, 예수님이 '참포도나무'이시라면 우리는 포도나무의 '가지'입니다. 그렇다면 어떻게 할 때 풍성한 열매를 맺는 가지가 될 수 있는지 참포도나무에 담긴 영적인 비밀을 함께 살펴봅시다.
(이 장의 핵심적인 내용은 브루스 윌킨스(Bruce Wilkinson) 박사의 《포도나무의 비밀》에 빚진 것이 많습니다.)

◆◆◆ 예수 이름의 비밀 알아가기 ◆◆◆

1. 열매 맺는 삶의 중요성

① 존재의 의미 : __________ 맺음

포도나무 존재의 의미는 오직 열매 맺음에 있습니다. 사실 포도나무는 넝쿨에 가깝기 때문에 볼품없고, 재목이나 땔감으로 쓰기에도 부족합니다. 그러므로 포도나무의 유일한 존재의 의미는 열매를 맺는 것입니다. 그래서 농부이신 하나님은 포도나무가 열매 맺는 것에 지대한 관심을 가지고 계십니다.

그렇다면 나는 지금 열매 맺는 삶을 살고 있는지 나누어보십시오.

2 열매의 의미

① 내적 열매 : __________의 변화

성경학자들은 열매를 크게 '외적 열매'와 '내적 열매'로 나눕니다. 먼저, 내적인 열매는 예수님을 닮은 성품으로 변해가는 것을 의미합니다. 사람들은 겉으로 드러난 직업이나 외모, 학벌, 재력에 관심을 갖지만 하나님은 우리의 속사람이 예수님을 닮은 인격으로 변하고 있는가에 관심을 가지십니다. 갈라디아서는 이 열매를 "성령의 열매"로 소개합니다.

갈 5:22,23

그렇다면 성령의 열매가 무엇인지 살펴보고 나의 강점과 약점은 무엇인지 나누어보십시오.

② 외적 열매 : 선한 __________________

외적 열매는 우리의 선한 영향력으로 변화된 하나님의 백성들을 말합니다. 우리가 전한 복음과 삶의 모습을 통해서 예수님을 믿게 된 새신자들과 영적으로 성장한 성도들이 우리의 외적 열매에 해당하는 것입니다. 또한 우리가 예수님의 이름으로 행한 모든 사역과 섬김을 의미합니다. 이를 볼 때 나의 외적인 열매는 어떠한지 나누어보십시오.

2. 징계 : 열매 맺지 못하는 가지를 다루시는 법

① 이스라엘의 포도 재배법

무릇 내게 붙어 있어 열매를 맺지 아니하는 가지는 아버지께서 그것을 제거해 버리시고 요 15:2

이스라엘의 전통적인 포도 재배법은 가지를 땅에 그대로 두고 퍼져나가도록 하는데 이를 계속해서 방치하면 흙먼지가 쌓이고 곰팡이가 생겨 쓸모없는 가지가 되어버립니다. 그래서 농부는 더러워진 가지를 물로 씻기 위해서 때때로 가지를 들어 올려줍니다. 농부이신 하나님은 열매 맺지 않는 가지를 '제거'(cut off)하신다고 말씀하십니다. '제거한다'라는 말은 헬라어로 '아이로'(airo)인데 '들어 올린다' 혹은 '집어 올린다'라는 의미를 가지고 있습니다.

② 징계의 영적 의미

농부가 포도나무 가지를 들어 올려서 깨끗하게 씻듯이, 하나님께서는 우리의 죄악된 삶을 들어 올려서 깨끗하게 하는 작업을 하십니다. 이것이 바로 '징계'(discipline)입니다.

평소 내가 생각하던 징계와 성경이 말하고 있는 징계는 어떤 차이가 있는지 나누어보십시오.

③ 징계의 수위

하나님은 우리 죄의 크기와 태도의 변화에 따라서 징계의 수위를 조절하십니다. 왜냐하면 징계를 통해서만 우리의 삶 속에 깊숙하게 뿌리내리고 있는 죄를 짓는 습성이 제거되고 열매 맺는 삶을 살 수 있기 때문입니다. 그렇다면 징계의 수위를 높이는 행동과 징계의 수위를 낮추는 행동은 무엇이라고 생각하는지 나누어보십시오.

④ 징계에 담긴 ___________

너는 사람이 그 아들을 징계함 같이 네 하나님 여호와께서 너를 징계하시는 줄 마음에 생각하고 신 8:5

징계는 징계하는 쪽이나 징계받는 쪽 모두의 마음을 아프게 합니다. 하지만 하나님은 사랑하는 자녀를 징계하십니다. 왜냐하면 징계는 파괴적인 삶의 습관을 지닌 자녀가 더 큰 재앙으로 빠지는 것을 막아주기 때문입니다.
하나님이나 부모님에게 징계받으면서 그분의 사랑을 깨달은 경험이 있다면 나누어보십시오.

3. 가지치기 : 열매를 조금밖에 맺지 못하는 가지를 다루시는 법

무릇 열매를 맺는 가지는 더 열매를 맺게 하려 하여 그것을 깨끗하게 하시느니라 요 15:2

1 풍성한 열매를 위하여

포도나무가 풍성한 열매를 맺게 하기 위해서는 가지치기를 잘 해주어야 합니다. 포도나무 덩굴이 너무 빽빽해지면 열매가 달려야 하는 부분에 햇빛이 닿지 않아서 영양분이 골고루 분산되지 않기 때문입니다. 가지치기는 불필요한 가지들을 제거하고, 더 풍성한 열매를 맺게 하려면 필수적인 조치입니다.
내 삶에서 가지치기해야 할 영역들이 있다면 무엇인지 나누어보십시오.
(예 : 시간 사용, 물질, 인간관계 등)

2 삶의 ______________ 조정하기

아래의 도표에 평소 자기 삶의 패턴을 적어보세요. 오전부터 저녁까지 가장 우선순위로 생각하고 있는 일이 무엇인지 살펴보고, 무엇을 조정해야 할지 나누어보십시오.

	오전	오후	저녁
1			
2			
3			

③ 가지치기와 징계의 차이

가지치기와 징계는 다릅니다. 징계는 죄 때문에 아무 열매를 맺지 못하는 성도를 위한 것이라면, 가지치기는 이미 열매를 맺고 있지만 집중력이 떨어져서 최대치의 열매를 맺지 못하는 성도에게 주어지는 것입니다. 만약 징계받고 있다면 회개해야 하고, 가지치기를 당하고 있다면 하나님께 집중하지 못하도록 방해하는 것을 내려놓아야 할 것입니다. 내게 필요한 것은 무엇인지 나누어보십시오.

"징계가 죄에 관련된 것이라면, 가지치기는 자아에 관한 것입니다. 징계를 당할 때는 회개해야 하지만, 가지치기 당할 때는 내려놓아야 합니다."

④ 강도 높은 가지치기의 목적

포도나무는 매년 자랄수록 열매 맺는 능력이 좋아집니다. 이때 가지치기를 더 잘해주어야 풍성한 열매를 맺을 수 있습니다. 마찬가지로 하나님은 가지치기의 초기에는 우선순위를 정리해주시고, 그다음은 가치관과 정체성을 가지치기해주십니다. 가지치기는 믿음의 여정에 평생 계속되는 것입니다. 오히려 믿음이 더 성숙해지고, 더 중요한 직분을 맡을수록 가지치기의 강도가 세질 수 있습니다. 이러한 경험이 있다면 나누어보십시오.

4. 가지치기의 영역

1 가지치기의 고통

하나님께서 우리에게 가지치기하실 때 특별히 고통을 느끼는 곳이 있을 것입니다. 하나님이 정곡을 찌르실 때 우리는 고통을 느끼게 될 것입니다. 하지만 그 부분이 우리가 '주목'하고 반드시 가지치기해야 할 영역입니다.

내가 가지치기의 고통을 가장 민감하게 느끼는 영역은 무엇인지 나누어 보십시오. (예: 돈과 재산, 자존심, 사랑하는 사람들, 알 권리 등)

2 가지치기를 당한 사람들

성경의 인물들을 보면 가지치기를 당하는 모습을 많이 보게 됩니다. 기드온은 자존심이라는 가지치기를 당했고, 야곱은 사랑하는 요셉과 베냐민에 대한 집착을 내려놓아야 했습니다. 또한, 욥은 아무런 잘못도 없이 이유 없는 고난을 겪어야 했습니다.

나의 주변에 이런 가지치기를 당하고 있는 사람이 있다면 나는 어떻게 도와줄 수 있는지 나누어보십시오.

5. 내 안에 거하라 : 열매를 많이 맺고 있는 가지를 다루시는 법

1 영적 ______

요 15:4,5

열매를 맺지 못하는 가지도 문제지만 열매를 많이 맺으면서 감사함과 만족함을 잃어버리는 영적 매너리즘도 큰 문제입니다. 예수님은 그런 가지들에게 "내 안에 거하라"라고 말씀합니다. 이 말씀은 옵션이 아니라 반드시 지켜야 하는 명령입니다. 왜냐하면 죽고 사는 문제가 달려 있기 때문입니다.
나는 예수님 안에 거하고 있는지 생각해보고 예수님 안에 거하는 삶을 위해서 필요한 것은 무엇인지 나누어보십시오.

2 주님과의 연결

예수님은 "내 안에 거하라"라고 말씀하십니다. 여기서 "거하라"라는 말은 필요할 때만 가끔 들르는 것이 아니라 주님 안에 깊이 머물러서 연결된 상태를 의미합니다. 예수님을 찾고, 바라며, 목말라하는 것입니다.
나는 예수님과 어떤 모습으로 연결되어 있는지 평소의 영적인 생활에 대해서 나누어보십시오.

③ 영적 ____________

교회사의 영적 거인들은 인생이나 사역의 위기가 왔을 때 주님과 깊은 교제를 회복하는 것으로 문제를 해결했습니다. 영적인 시험이 올 때는 '주님 밖으로' 나가는 것이 아니라 오히려 더 '주님 안으로' 들어가야 하는 시간입니다. 말씀과 기도, 경건의 시간을 통해서 주님과 교제할 때 응답의 기쁨과 축복을 얻게 될 것입니다.
이번 훈련의 과정을 통해서 내가 받은 영적인 축복과 변화된 습관이 있다면 무엇인지 나누어보십시오.

"주님과 살아 있는 교제, 깊이 있는 교제를 습관화해야 합니다. 그것은 성경을 읽고 기도하는 영적 훈련에서 시작됩니다."

◆◆◆ 예수 이름으로 살아가기 ◆◆◆

1. 참포도나무이신 예수님

예수님은 새 이스라엘의 모범을 보여주신 참포도나무입니다. 우리는 그분의 가지로 풍성한 열매를 맺는 삶을 살아야 합니다. 성품의 변화라는 내적인 열매와 선한 영향력이라는 외적인 열매를 맺을 때 농부이신 하나님이 기뻐하실 것입니다. 우리는 참포도나무이신 예수님 안에서 풍성한 열매를 맺기에 힘써야 할 것입니다.

2. 징계와 가지치기

농부가 열매 맺지 않는 가지를 위해서 청결 작업과 가지치기를 하듯이, 농부이신 하나님도 징계와 가지치기를 통해서 우리가 열매 맺지 못하게 하는 파괴적인 삶의 습관들을 회개하게 하십니다. 징계는 회개가 필요하지만, 가지치기는 내려놓음을 필요로 합니다.

3. 내 안에 거하라

열매 맺지 못하는 가지도 문제이지만 열매를 맺으면서도 감사와 만족함이 없는 영적 매너리즘도 문제입니다. 그래서 주님은 내 안에 거하라고 명령하시면서 항상 주님과 연결되어 있으라고 말씀하십니다. 그러므로 우리는 주님과 깊이 있는 교제를 습관화하기 위해서 날마다 성경을 읽고 기도하는 영적 훈련을 쉬지 말아야 할 것입니다.

4. 내 삶에 적용하기

1) 오늘 배운 내용 중 내가 붙잡아야 할 약속이 있다면 무엇입니까? (Promises to Claim)

2) 오늘 배운 내용 중 내가 순종해야 할 명령이 있다면 구체적인 실천 계획을 세워보십시오. (Commands to Obey)

함께 기도하기 & 암송 구절과 필사

함께 기도하기

우리가 포도나무이신 주님을 고백할 때,
열매 맺지 못하는 가지를 징계하시는 하나님의 마음을 믿습니다.
또한 열매를 조금밖에 맺지 못하는 가지를
믿음의 시련을 통해 가지치기하시는 주님의 손길을 믿습니다.
열매를 많이 맺는 가지들은 더욱 주님 안에 깊이 거하도록 초대하심을 믿습니다.
우리를 통해 풍성한 열매를 맺게 하시고, 주의 나라가 확장되게 하여주시옵소서.

○ **예수 이름으로 나의 기도문 작성하기**

암송 구절과 필사

나는 포도나무요 너희는 가지라 그가 내 안에, 내가 그 안에 거하면 사람이 열매를 많이 맺나니 나를 떠나서는 너희가 아무 것도 할 수 없음이라 사람이 내 안에 거하지 아니하면 가지처럼 밖에 버려져 마르나니 사람들이 그것을 모아다가 불에 던져 사르느니라 **요 15:5,6**

정답 | **1.** 1 열매 2 ① 성품 ② 영향력 **2.** 4 사랑 **3.** 2 우선순위 **5.** 1 매너리즘 3 훈련

Jesus
Christ
Lord
The Vine
The Lamb
Immanuel
Sovereign
The Son of God
The Son of Man
Alpha and Omega
The King of Kings
The Prince of Peace
The Good Shepherd
The Word Incarnate
The Great High Priest

CHAPTER

15

선한 목자

THE GOOD SHEPHERD

CHAPTER

15 선한 목자 THE GOOD SHEPHERD

핵심 성경 구절

7 그러므로 예수께서 다시 이르시되 내가 진실로 진실로 너희에게 말하노니 나는 양의 문이라 8 나보다 먼저 온 자는 다 절도요 강도니 양들이 듣지 아니하였느니라 9 내가 문이니 누구든지 나로 말미암아 들어가면 구원을 받고 또는 들어가며 나오며 꼴을 얻으리라 10 도둑이 오는 것은 도둑질하고 죽이고 멸망시키려는 것뿐이요 내가 온 것은 양으로 생명을 얻게 하고 더 풍성히 얻게 하려는 것이라 11 나는 선한 목자라 선한 목자는 양들을 위하여 목숨을 버리거니와 12 삯꾼은 목자가 아니요 양도 제 양이 아니라 이리가 오는 것을 보면 양을 버리고 달아나나니 이리가 양을 물어 가고 또 헤치느니라 13 달아나는 것은 그가 삯꾼인 까닭에 양을 돌보지 아니함이나 14 나는 선한 목자라 나는 내 양을 알고 양도 나를 아는 것이 15 아버지께서 나를 아시고 내가 아버지를 아는 것 같으니 나는 양을 위하여 목숨을 버리노라 16 또 이 우리에 들지 아니한 다른 양들이 내게 있어 내가 인도하여야 할 터이니 그들도 내 음성을 듣고 한 무리가 되어 한 목자에게 있으리라 17 내가 내 목숨을 버리는 것은 그것을 내가 다시 얻기 위함이니 이로 말미암아 아버지께서 나를 사랑하시느니라 18 이를 내게서 빼앗는 자가 있는 것이 아니라 내가 스스로 버리노라 나는 버릴 권세도 있고 다시 얻을 권세도 있으니 이 계명은 내 아버지에게서 받았노라 하시니라 요 10:7-18

추천 찬양

QR코드를 따라가시면 찬양 음원과 가사가 제공됩니다.

선한 목자 되신 우리 주

선하신 목자

◆◆◆ 마음 문을 열면서 ◆◆◆

지금까지 우리는 다양한 예수님의 이름에 담긴 영적인 비밀들을 살펴보았습니다. 인생이 힘들고 어려울 때 예수님의 이름을 부르고, 묵상한다면 승리하는 삶을 살게 될 것입니다. 마지막으로 살펴볼 예수님의 이름은 '선한 목자'입니다. 예수님은 우리의 목자이시고, 우리는 그분의 양입니다. 이 비유는 많이 익숙하기 때문에 별다른 감흥이 느껴지지 않을 수도 있을 것입니다. 하지만 선한 목자라는 이름에는 놀라운 영적인 비밀과 풍성한 은혜가 담겨 있습니다. 이제 그 비밀을 함께 살펴보겠습니다.

◆◆◆ 예수 이름의 비밀 알아가기 ◆◆◆

1. 열매 맺는 삶의 중요성

1 선한 목자

요 10:11,12

히브리어로 목자를 '로에'(רֹעֶה)라고 하는데 '목양한다'라는 의미를 담고 있습니다. 목자는 양 떼를 먹이고, 지키고, 인도하는 존재이며, 선한 목자는 모든 양의 이름을 알고 계속해서 말을 걸어올 뿐 아니라 때로는 자기의 목숨을 걸고 양들을 지키기도 합니다.
성경은 예수님이 우리의 선한 목자가 되신다고 하는데 이 사실이 나에게 주는 소망과 기쁨은 무엇인지 나누어보십시오.

2 양

우리가 생각하는 양의 이미지와 실제 양은 매우 다릅니다. 양은 성화에 등장하는 것처럼 백색의 깨끗한 동물이 아니라 상당히 지저분하고, 느리고, 시력이 나쁘며, 심지어 기억력도 좋지 않습니다. 게다가 아무런 자기 방어 수단이 없어서 절대적으로 목자를 필요로 합니다.
이러한 양의 특징과 나의 모습이 어떤 면에서 비슷한지 나누어보십시오.

3 삯꾼 목자와 이리

주인은 양 떼의 규모가 큰 경우에 파트타임으로 일하는 고용인, 즉 '삯꾼'(계약직 목자)을 두었습니다. 이들은 돈을 받고 일하는 사람들이기 때문에 책임감이 없고 양들과의 친밀한 관계가 없습니다. 그렇기 때문에 이리와 같은 사나운 맹수의 공격이 있을 때 목숨을 걸고 양들을 지키지도 않습니다. 이런 점에서 볼 때 선한 목자와 삯꾼 목자의 동기와 특징이 어떻게 다른지 나누어보십시오.

	선한 목자	삯꾼 목자
동기		
특징		

2. 삯꾼 목자와 이리를 경계하라

1 경계의 대상

삯꾼은 목자가 아니요 **양도 제 양이 아니라** 이리가 오는 것을 보면 **양을 버리고 달아나나니 이리가 양을 물어 가고 또 헤치느니라** 요 10:12

양 떼가 경계해야 할 대상은 삯꾼 목자와 이리입니다. 여기서 삯꾼은 당시의 유대 종교 지도자들을 가리키는데 그들은 영적 무지와 독선으로 백성들을 제대로 인도하지 못했습니다. 이처럼 목자가 영적 리더십을 제대로 발휘하지 못하면 양들은 큰 어려움을 당합니다.
주변에 경계해야 할 대상이 있다면 무엇인지 나누어보십시오.

2 영적 ______________의 중요성

타인의 음성은 알지 못하는 고로 **타인을 따르지 아니하고 도리어 도망하느니라** 요 10:5

선한 목자이신 예수님은 삯꾼 목자처럼 양 떼를 유혹하고 위협하여 두렵게 하는 이스라엘의 지도자들을 책망하셨습니다. 이들의 잘못된 리더십은 하나님의 백성들을 영적으로 파괴하고 있었기 때문입니다. 그렇기 때문에 양들은 삯꾼 목자를 분별하는 영적 분별력을 가져야 합니다.
영적인 분별력을 높이는 데 필요한 것은 무엇인지 나누어보십시오.

3 영적 전쟁의 방법

약 4:7

삯꾼 목자들을 배후에서 조종하는 세력은 이리와 같은 맹수, 즉 사탄 마귀입니다. 마귀는 끊임없이 세상 사람들이 예수를 믿지 못하도록 방해하고, 믿는 자들을 타락시켜 영적 영향력을 발휘하지 못하도록 합니다.
야고보서 4장 7절은 마귀를 대적하는 방법을 잘 보여주고 있는데 왜 그렇게 해야 하는지 나누어보십시오.

3. 선한 목자는 어떤 분이신가?

① 목자는 ____________을 바쳐 양 떼를 지키고 돌본다

그러므로 예수께서 다시 이르시되 내가 진실로 진실로 너희에게 말하노니 나는 양의 문이라 요 10:7

팔레스타인의 들판 곳곳에는 양과 염소들을 몰아둘 수 있는 양 우리가 많았습니다. 임시로 만들어둔 양 우리에는 별도의 문을 만들지는 않았지만, 아치형의 출입구를 목자가 밤새도록 지키고 있었습니다. 양의 문이 되신 예수님은 자신의 온몸으로 우리를 지켜주시는 분입니다.
예수님이 우리를 지키기 위해서 치르신 대가는 무엇인지 나누어보십시오.

“예수님은 양 떼를 지키시기 위하여 자신의 생명까지 내어 놓은 선한 목자이십니다.”

② 목자는 양 떼를 누구보다도 잘 안다

문지기는 그를 위하여 문을 열고 양은 그의 음성을 듣나니 그가 자기 양의 이름을 각각 불러 인도하여 내느니라 요 10:3

선한 목자가 양을 위해서 목숨을 버릴 수 있는 이유는 목자와 양들이 서로 잘 알기 때문입니다. '서로 안다'는 것은 예수님과 성도들 간의 친밀성과 인격적 신뢰 관계를 의미하는 것입니다. 선한 목자이신 주님은 우리 한 사람 한 사람의 습성, 약점, 성격, 문제를 각각 아시고 맞춤형으로 우리를 인내하시면서 다루십니다.
나는 선한 목자이신 주님과 얼마나 인격적 신뢰 관계를 형성하고 있는지 나누어 보십시오.

③ 목자는 양 떼의 필요를 채우시며 인도하신다

시 23:2

팔레스타인의 땅은 목초지가 충분하지 않아서 양들을 먹일 풀이 부족했고 독초도 많았습니다. 그래서 목자들은 항상 푸른 풀밭을 찾아야 했습니다. 시편 23편 2절은 목자 되신 예수님께서 우리를 "푸른 풀밭"과 "쉴 만한 물가"로 인도하신다고 합니다.
이 사실이 나에게 주는 위로와 기쁨은 무엇인지 나누어보십시오.

도둑이 오는 것은 도둑질하고 죽이고 멸망시키려는 것뿐이요 내가 온 것은 양으로 생명을 얻게 하고 더 풍성히 얻게 하려는 것이라 요 10:10

요한복음 10장 10절의 말씀을 통해서 볼 때, 도둑이 오는 목적과 선한 목자 되신 예수님이 오시는 목적이 다름을 알 수 있습니다. 우리가 예수님 안에 있을 때 생명과 풍성함을 얻게 될 것입니다.
나는 지금 목자 안에서 풍성한 삶을 살고 있는지 나누어보십시오. 만약 그렇지 않다면 왜 그런지 나누어보십시오.

4. 양 떼는 어떻게 선한 목자를 따라야 하는가?

1 절대 순종

고대 중동 지방에서는 왕을 가리켜 목자로 표현한 경우가 많았습니다. 이처럼 목자는 수동적인 존재가 아니라 적극적으로 이끌어가는 리더입니다. 양은 목자를 적극적으로 따르며 때로는 자신의 운명을 맡겨야 합니다.
내가 예수님께 절대 순종해야 하는 이유는 무엇입니까? 절대 순종이 어렵다면 왜 그런지 나누어보십시오.

"인생에서 어떤 목자를 선택하여 따르느냐에 따라서 죽고 사는 것이 결정됩니다. 살려고 택한 목자가 오히려 인생 전체를 파멸로 몰고 갈 수도 있습니다."

② ______________ 을 인정

양들은 동물 중에서 가장 약한 존재이지만 목자는 강합니다. 그래서 양들은 겸손히 자기의 약함을 인정하고 목자에게 바짝 붙어 있어야 합니다. 아무리 약한 양이라고 할지라도 선한 목자 옆에 붙어 있으면 안심할 수 있습니다.
내가 지금 가장 두려워하는 부분이 무엇인지, 주님께 맡겨야 할 연약한 부분이 있다면 무엇인지 나누어보십시오.

③ 목자의 음성 듣기

연약한 양에게 가장 중요한 것은 목자의 음성을 듣는 것입니다. 목자의 음성을 듣지 않고 자기 멋대로 하다가는 큰 어려움을 당하기 때문입니다. 성도가 예수님의 음성을 잘 듣기 위해서는 자기 말을 줄이고, 겸손히 침묵해야 합니다.
목자의 음성을 잘 듣기 위해서 내가 실천해야 할 부분이 있다면 무엇인지 나누어보십시오.

5. 여호와는 나의 목자시니

1 나의 목자

시편 23편을 함께 읽어보고 나의 목자 되신 하나님 안에서 누리는 행복이 무엇인지 나누어보십시오.

2 현재형

시편 23편에서 "여호와는 나의 목자시니"라고 했습니다. '여호와가 나의 목자이셨다'도 아니고, '여호와가 나의 목자 되실 것이다'도 아닌 여호와는 지금 나의 목자시다(The Lord is shepherd), 즉 현재형입니다. 다윗에게 하나님은 지금, 오늘, 현재, 이 순간의 살아 계신 목자셨습니다.
나에게 하나님은 과거, 현재, 미래 중 어느 시제의 목자이신지 나누어보십시오.

"믿음의 삶이란 하나님의 뜻을 거스르지 않고, 주님의 리더십이 물 흐르듯 내 삶 속에 흐르게 하는 것입니다."

3 ______________의 신앙

우리는 인생의 문제를 스스로 결정하고 행동하고 책임지고 싶어 합니다. 하지만 신앙은 능동태가 아니라 수동태입니다. 목자이신 예수님의 인도하심에 따라서 가는 것이 신앙입니다. 우리의 인생을 예수님께 내어 맡길 때 목자이신 예수님께서 가장 좋은 길로 인도하실 것입니다.
내가 가장 내려놓기 어려운 부분이 무엇인지 나누어보고, 목자이신 예수님께 내어드리는 결단을 해보기를 바랍니다.

① 내어드리기 어려운 부분

② 예수님께 내어드리는 결단

◆◆◆ 예수 이름으로 살아가기 ◆◆◆

1. 선한 목자와 삯꾼

예수님은 선한 목자이십니다. 선한 목자이신 예수님은 삯꾼 목자와 이리와 같은 당시의 종교 지도자들과는 전혀 다르신 분입니다. 예수님은 양들을 사랑하시고, 인격적인 관계를 맺으시기 때문에 모든 양의 이름을 알고 부르시는 분입니다. 하지만 삯꾼은 돈을 받고 일하는 계약직 목자이기 때문에 양들을 위해서 자신을 내어주지 않습니다. 그래서 예수님은 삯꾼과 이리와 같은 자들을 잘 분별하라고 말씀하십니다.

2. 선한 목자는 어떤 분이신가?

선한 목자이신 예수님은 자기 생명을 바쳐서 양 떼를 지키시고 돌보십니다. 양의 문이신 예수님은 십자가에서 자신을 내어주심으로 양들을 지키시고 보호하시는 분입니다. 또한, 목자이신 예수님은 양들의 모든 약점과 필요를 아시기 때문에 항상 부족한 것을 채우시고 인도해주시는 분입니다. 우리는 목자이신 예수님 안에서 생명을 얻고, 풍성한 삶을 살게 될 것입니다.

3. 여호와는 나의 목자시니

목자는 우리를 적극적으로 이끌어가는 왕과 같은 존재입니다. 그렇기 때문에 양은 목자에게 자신의 생명과 운명을 맡기고 적극적으로 따라가야 합니다. 그러므로 우리는 목자의 음성에 순종하고, 선한 목자이신 예수님의 이름을 붙잡고 살아가야 할 것입니다. 우리의 목자 되신 예수님의 이름에는 놀라운 비밀과 힘, 그리고 영적인 축복이 있습니다. 예수 이름의 비밀과 능력으로 승리하는 삶이 되길 바랍니다.

4. 내 삶에 적용하기

1) 오늘 배운 내용 중 내가 붙잡아야 할 약속이 있다면 무엇입니까?
(Promises to Claim)

2) 오늘 배운 내용 중 내가 순종해야 할 명령이 있다면 구체적인 실천 계획을 세워보십시오. (Commands to Obey)

함께 기도하기 & 암송 구절과 필사 

함께 기도하기

선한 목자이신 주님이 항상 우리를 먹이시고, 인도하시며,
악한 마귀로부터 지키시는 분이심을 믿습니다.
자신의 생명을 던져 우리를 돌보시는
선한 목자 예수님의 사랑에 우리는 늘 감동합니다.
우리가 주님의 음성에 불순종하고 멀어질 때도
우리를 포기하지 않고 끝까지 바른길로 인도하는 주님이십니다.
주님이 우리의 목자 되시니 어떤 어려움 속에서도 불안하지 않습니다.

○ **예수 이름으로 나의 기도문 작성하기**

암송 구절과 필사

나는 선한 목자라 나는 내 양을 알고 양도 나를 아는 것이 아버지께서 나를 아시고 내가 아버지를 아는 것 같으니 나는 양을 위하여 목숨을 버리노라

요 10:14,15

정답 | 2. ② 분별력 3. ① 자기 생명 4. ② 연약함 5. ③ 수동태

예수 이름의 비밀 소그룹 워크북

초판 1쇄 발행 2022년 3월 8일
초판 2쇄 발행 2022년 3월 15일

지은이 한 홍

펴낸이 여진구
책임편집 이영주 정선경 진효지
편집 최현수 안수경 김도연 최은정 김아진 정아혜
책임디자인 마영애 | 노지현 조은혜
기획·홍보 김영하
마케팅 김상순 강성민 허병용 마케팅지원 최영배 정나영
제작 조영석 정도봉 경영지원 김혜경 김경희

303비전성경암송학교 박정숙 최경식
이슬비전도학교 / 303비전성경암송학교 / 303비전꿈나무장학회 여운학

펴낸곳 규장

주소 06770 서울시 서초구 매헌로 16길 20(양재2동) 규장선교센터
전화 02)578-0003 팩스 02)578-7332
이메일 kyujang0691@gmail.com 홈페이지 www.kyujang.com
페이스북 facebook.com/kyujangbook 인스타그램 instagram.com/kyujang_com
카카오스토리 story.kakao.com/kyujangbook
등록일 1978.8.14. 제1-22

책값 뒤표지에 있습니다.
ISBN 979-11-6504-302-5 03230

규 | 장 | 수 | 칙

1. 기도로 기획하고 기도로 제작한다.
2. 오직 그리스도의 성품을 사모하는 독자가 원하고 필요로 하는 책만을 출판한다.
3. 한 활자 한 문장에 온 정성을 쏟는다.
4. 성실과 정확을 생명으로 삼고 일한다.
5. 긍정적이며 적극적인 신앙과 신행일치에의 안내자의 사명을 다한다.
6. 충고와 조언을 항상 감사로 경청한다.
7. 지상목표는 문서선교에 있다.

하나님을 사랑하는 자 곧 그의 뜻대로 부르심을 입은 자들에게는 모든 것이 合力하여 善을 이루느니라(롬 8:28)

규장은 문서를 통해 복음전파와 신앙교육에 주력하는 국제적 출판사들의 협의체인 복음주의출판협회(E.C.P.A:Evangelical Christian Publishers Association)의 출판정신에 동참하는 회원(Associate Member)입니다.

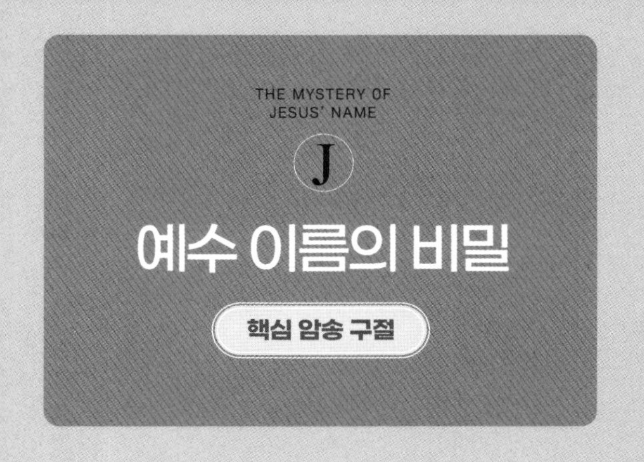

01 예수

아들을 낳으리니 이름을 예수라 하라
이는 그가 자기 백성을 그들의 죄에서
구원할 자이심이라 하니라

마태복음 1:21

02 그리스도

시몬 베드로가 대답하여 이르되
주는 그리스도시요
살아 계신 하나님의 아들이시니이다

마태복음 16:16

03 주

이러므로 하나님이 그를 지극히 높여
모든 이름 위에 뛰어난 이름을 주사
하늘에 있는 자들과 땅에 있는 자들과
땅 아래에 있는 자들로
모든 무릎을 예수의 이름에 꿇게 하시고
모든 입으로 예수 그리스도를 주라 시인하여
하나님 아버지께 영광을 돌리게 하셨느니라

빌립보서 2:9-11

04 임마누엘

이 모든 일이 된 것은 주께서 선지자로
하신 말씀을 이루려 하심이니 이르시되
보라 처녀가 잉태하여 아들을 낳을 것이요
그의 이름은 임마누엘이라 하리라 하셨으니
이를 번역한즉 하나님이 우리와 함께 계시다 함이라

마태복음 1:22,23

05 어린양

내가 애굽 땅을 칠 때에
그 피가 너희가 사는 집에 있어서
너희를 위하여 표적이 될지라
내가 피를 볼 때에 너희를 넘어가리니
재앙이 너희에게 내려 멸하지 아니하리라

출애굽기 12:13

06 왕의 왕

시온의 딸아 크게 기뻐할지어다
예루살렘의 딸아 즐거이 부를지어다
보라 네 왕이 네게 임하시나니 그는 공의로우시며
구원을 베푸시며 겸손하여서 나귀를 타시나니
나귀의 작은 것 곧 나귀 새끼니라

스가랴 9:9

07 만유의 주재

또 만물을 그의 발 아래에 복종하게 하시고
그를 만물 위에 교회의 머리로 삼으셨느니라
교회는 그의 몸이니 만물 안에서 만물을
충만하게 하시는 이의 충만함이니라

에베소서 1:22,23

01 JESUS

She will give birth to a son,
and you are to give him the name Jesus,
because he will save his people
from their sins.

Matthew 1:21

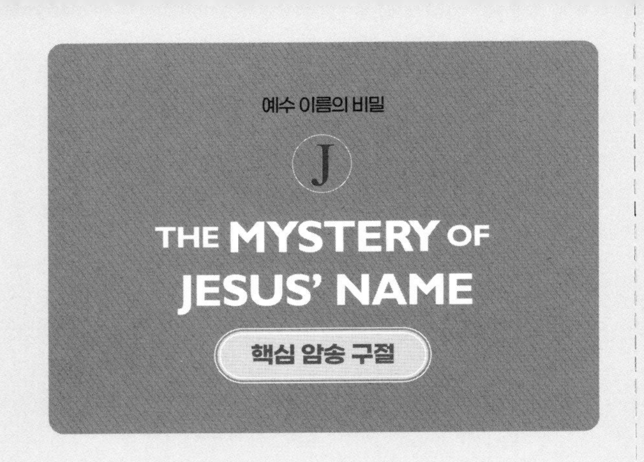

03 LORD

Therefore God exalted him to the highest place and gave him the name that is above every name, that at the name of Jesus every knee should bow, in heaven and on earth and under the earth, and every tongue acknowledge that Jesus Christ is Lord, to the glory of God the Father.

Philippians 2:9-11

02 CHRIST

Simon Peter answered,
“You are the Messiah,
the Son of the living God.”

Matthew 16:16

05 THE LAMB

The blood will be a sign for you on the houses
where you are, and when I see the blood,
I will pass over you.
No destructive plague will touch you
when I strike Egypt.

Exodus 12:13

04 IMMANUEL

All this took place to fulfill what the Lord had said through the prophet:
“The virgin will conceive and give birth to a son, and they will call him Immanuel”
(which means, “God with us”).

Matthew 1:22,23

07 SOVEREIGN

And God placed all things under his feet and appointed him to be head over everything for the church, which is his body, the fullness of him who fills everything in every way.

Ephesians 1:22,23

06 THE KING OF KINGS

Rejoice greatly, Daughter Zion!
Shout, Daughter Jerusalem!
See, your king comes to you,
righteous and victorious,
lowly and riding on a donkey,
on a colt, the foal of a donkey.

Zechariah 9:9

08 하나님의 아들

하나님이 세상을 이처럼 사랑하사
독생자를 주셨으니
이는 그를 믿는 자마다 멸망하지 않고
영생을 얻게 하려 하심이라

요한복음 3:16

09 인자

또 이르시되
진실로 진실로 너희에게 이르노니
하늘이 열리고 하나님의 사자들이
인자 위에 오르락 내리락 하는 것을
보리라 하시니라

요한복음 1:51

10 알파와 오메가

보라 내가 속히 오리니
내가 줄 상이 내게 있어
각 사람에게 그가 행한 대로 갚아주리라
나는 알파와 오메가요 처음과 마지막이요
시작과 마침이라

요한계시록 22:12,13

11 성육신 되신 말씀

태초에 말씀이 계시니라 이 말씀이 하나님과 함께
계셨으니 이 말씀은 곧 하나님이시니라 …
말씀이 육신이 되어 우리 가운데 거하시매
우리가 그의 영광을 보니
아버지의 독생자의 영광이요 은혜와 진리가 충만하더라

요한복음 1:1,14

12 평강의 왕

이는 한 아기가 우리에게 났고
한 아들을 우리에게 주신 바 되었는데
그의 어깨에는 정사를 메었고
그의 이름은 기묘자라, 모사라, 전능하신 하나님이라,
영존하시는 아버지라, 평강의 왕이라 할 것임이라

이사야 9:6

13 위대한 대제사장

우리에게 있는 대제사장은
우리의 연약함을 동정하지 못하실 이가 아니요
모든 일에 우리와 똑같이 시험을 받으신 이로되
죄는 없으시니라 그러므로 우리는 긍휼하심을 받고
때를 따라 돕는 은혜를 얻기 위하여
은혜의 보좌 앞에 담대히 나아갈 것이니라

히브리서 4:15,16

14 포도나무

나는 포도나무요 너희는 가지라
그가 내 안에, 내가 그 안에 거하면
사람이 열매를 많이 맺나니 나를 떠나서는
너희가 아무것도 할 수 없음이라
사람이 내 안에 거하지 아니하면
가지처럼 밖에 버려져 마르나니
사람들이 그것을 모아다가 불에 던져 사르느니라

요한복음 15:5,6

15 선한 목자

나는 선한 목자라
나는 내 양을 알고
양도 나를 아는 것이
아버지께서 나를 아시고
내가 아버지를 아는 것 같으니
나는 양을 위하여 목숨을 버리노라

요한복음 10:14,15

08 THE SON OF GOD

For God so loved the world
that he gave his one and only Son,
that whoever believes in him shall
not perish but have eternal life.

John 3:16

09 THE SON OF MAN

He then added,
"Very truly I tell you, you will see 'heaven open, and the angels of God ascending and descending on' the Son of Man."

John 1:51

10 ALPHA AND OMEGA

Look, I am coming soon!
My reward is with me, and I will give to
each person according to what they have done.
I am the Alpha and the Omega,
the First and the Last,
the Beginning and the End.

Revelation 22:12,13

11 THE WORD INCARNATE

In the beginning was the Word, and the Word was with God, and the Word was God. …
The Word became flesh and made his dwelling among us. We have seen his glory, the glory of the one and only Son, who came from the Father, full of grace and truth.

John 1:1,14

12 THE PRINCE OF PEACE

For to us a child is born, to us a son is given,
and the government will be on his shoulders.
And he will be called
Wonderful Counselor, Mighty God,
Everlasting Father, Prince of Peace.

Isaiah 9:6

13 THE GREAT HIGH PRIEST

For we do not have a high priest who is unable to empathize with our weaknesses, but we have one who has been tempted in every way, just as we are – yet he did not sin. Let us then approach God's throne of grace with confidence, so that we may receive mercy and find grace to help us in our time of need.

Hebrews 4:15,16

14 THE VINE

I am the vine; you are the branches.
If you remain in me and I in you,
you will bear much fruit;
apart from me you can do nothing.
If you do not remain in me, you are like
a branch that is thrown away and withers;
such branches are picked up,
thrown into the fire and burned.

John 15:5,6

15 THE GOOD SHEPHERD

I am the good shepherd; I know my sheep and my sheep know me – just as the Father knows me and I know the Father – and I lay down my life for the sheep.

John 10:14,15